Markus Orths

Das große Buch von Billy Backe

Alle Abenteuer in einem Band

Markus Orths

Das große Buch von Billy Backe

Alle Abenteuer in einem Band

Mit farbigen Illustrationen
von Ina Hattenhauer

Ravensburger

Bibliografische Information der Deutschen Nationalbibliothek:
Die Deutsche Nationalbibliothek verzeichnet diese Publikation
in der Deutschen Nationalbibliografie.
Detaillierte bibliografische Daten sind im Internet
über *http://dnb.d-nb.de* abrufbar.

MIX
Papier | Fördert
gute Waldnutzung
FSC® C111262
FSC
www.fsc.org

7 9 10 8 6

Umschlag- und Innenillustrationen: Ina Hattenhauer
Redaktion: Valentino Dunkenberger

Printed in Germany

ISBN 978-3-473-40828-3

ravensburger.com/service

Für Lola, Aljoscha und David

Inhalt

Erstes Buch

BILLY BACKE AUS WALLE WACKE

Teil I

Billy Backe und der Schrönk

Teil II

Billy Backe und die Wackelriesen

Teil I

Billy Backe und der Schrönk

1

Was zur Hacke ist ein Schrönk?

Also, Leute, eins sag ich euch gleich: Ich bin kein Hamster. Ich habe dicke Hamsterbacken, und deshalb nennt man mich auch Billy Backe. Aber ein Hamster? Nein. Das bin ich nicht.

Ich lebe im Walle-Wacke-Land. Keine Ahnung, wo genau das liegt. Irgendwo ziemlich weit weg, nehme ich an. Dort wohne ich mit meinen neununddreißig Freunden und Verwandten. In selbst gebuddelten Erdlöchern. Mit Tausenden von Gängen.

Kreuz und quer und heck und queck. Das sind die reinsten Labyrinthe.

Wenn wir nicht gerade auf Futtersuche sind oder uns putzen, lümmeln wir vor unseren Erdlöchern herum und wissen nicht, was wir tun sollen. Jedenfalls war das früher so. Aus Langeweile haben wir irgendwann mal Nüsse angemalt. Mit Wasserfarben: rot, blau, rosa, lila, gelb, orange, grün. Das waren die perfekten Murmeln. Und seit diesem Tag nennt man uns nur noch: Murmeltiere.

Und weil wir so verrückt nach Murmeln sind, erfinden wir ständig Murmelspiele: Murmel-Schnipsen, Murmel-Golf, Murmel-Weitwurf, Murmel-Balancieren, Murmel-Spucken, Murmel-Köpfen. Außerdem bauen wir immer neue schlangenlange, wunderbar kugelige Murmelbahnen.

Jeden Morgen um zehn Uhr dreizehn kommt Polly vorbei. Polly ist meine beste Freundin. Sie ist ein Posthörnchen und bringt die Post für mich und alle meine Freunde und Verwandten. Das heißt, sie würde gern die Post bringen, wenn es denn welche gäbe. Aber wir haben leider noch nie Post bekommen. So'n Pech, Leute!

„Hallo, Polly!“

„Hallo, Billy!“

„Hast du Post?“

„Nö.“

„Schade.“

So geht das jeden Tag.

„Das ist saulangweilig!“, sagt Polly immer.

Anschließend machen Polly und ich oft einen langen Spaziergang. So auch heute.

Wir näherten uns dem Bunten Wald. Der Bunte Wald heißt Bunter Wald, weil wir die Baumstämme irgendwann mal bunt angemalt haben. Hat echt Spaß gemacht. Und die Bäume fanden das auch klasse. Na ja, die meisten jedenfalls.

Als wir also gerade spazieren gingen, sahen wir am Waldrand plötzlich einen merkwürdigen Kerl. So ein Wesen hatten wir noch nie zuvor im Walle-Wacke-Land gesehen. Es hatte lange, schlackernde Arme und Beine und einen dicken, kugelrunden Bauch mit Kulleraugen, Nase und Mund mittendrin.

Wir gingen hin. Irgendwie sah der Kerl traurig aus.

„Hallo!“, rief ich.

Das merkwürdige Wesen zuckte zusammen. „Hallo“, antwortete es dann.

„Ich bin Billy Backe, das Murmeltier“, sagte ich. „Und das ist Polly, das Posthörnchen. Und wer bist du?“

„Ich bin Schrönk, der Schrönk“, sagte das Wesen.

Weder Polly noch ich hatten je von einem Schrönk gehört. Deshalb hatten wir auch keine Ahnung, was oder wer so ein Schrönk war. Einen Schrank, ja, den kannten wir, aber einen Schrönk? Nö. Nie gehört, Leute.

„Was ist denn ein Schrönk?“, fragte ich.

„Das weiß ich auch nicht“, sagte der Schrönk traurig. „Ein Schrönk ist halt ein Schrönk.“

„Und warum bist du so traurig?“, fragte Polly.

Der Schrönk schwieg eine Weile, dann sagte er leise: „Ich suche meinen Wippelwapp. Ich hab ihn verloren.“

Polly sah mich an. Ich sah Polly an. Auch was ein Wippelwapp war, wussten wir nicht. Doch noch ehe wir antworten konnten, fügte der Schrönk hinzu: „Er muss hier im Bunten Wald sein, mein kleiner Wippelwapp!“

„Weißt du was?“, sagte ich. „Wir helfen dir, deinen Wippelwapp zu suchen!“

„Das würdet ihr tun?“ Der Schrönk strahlte.

„Na klar!“

„Was genau ist denn ein Wippelwapp?“, fragte Polly noch. Aber da war der Schrönk schon in den Wald gerannt.

Polly und ich liefen ihm hinterher.

Also, neugierig sind wir schon, das muss ich zugeben. Jetzt wollten wir natürlich rauskriegen, wo sein Wippelwapp steckte. Und was genau ein Schrönk war, das wollten wir auch wissen. Walle Wacke!

Der Schrönk rannte wirklich ganz schön schnell. Er hatte ja auch viel längere Arme und Beine als wir. Er galoppierte auf allen vieren. Das sah irgendwie lustig aus. Trotzdem ließen wir uns nicht abhängen. Denn langsam sind wir auch nicht.

Plötzlich stoppte der Schrönk. Wir wären beinahe in ihn hineingesaust.

„Pssst!“, machte der Schrönk. Wir lauschten und hörten ein schrilles Krächzen.

„Krächzt so der Wippelwapp?“, flüsterte ich.

Wir schlichen leise voran und schauten hinter einen roten Ahornbaum. Aber da saß nur eine Amsel.

„Die saublöde Amsel!“, rief Polly. „Los, weiter!“

Schon bald hörten wir wildes Trompeten.

Der Schrönk hielt wieder inne.

„Trompetet so der Wippelwapp?“, fragte Polly.

Wir schlichen leise voran und schauten hinter eine gelbe Eiche. Aber da hüpfte nur ein Frosch auf und ab und spielte Trompete.

„Och nö, das ist nur der Trompetenfrosch“, sagte ich. „Los, weiter!“

Nach einigen Schritten hielten wir uns die Nasen zu. Es stank bestialisch. Der Schrönk sah sich um.

„Stinkt so der Wippelwapp?“, fragte ich.

Wir schlichen leise voran und sahen hinter einen lila Brombeerbusch. Aber da gammelte nur ein Haufen Bananen vor sich hin, schwarz und ekelhaft. Das stank wie die Pest.

„Iiiih! Faule Bananen!“, rief Polly. „Sauerei!“

Alter Häuptling Suppende Socke! Wir hatten immer noch keine Ahnung, was genau wir eigentlich suchten. Das ist natür-

lich blöd. Wenn man nicht weiß, was man sucht, wie soll man es dann finden?

Vielleicht war der Wippelwapp ein Kuschelbär? Oder ein Spielzeug? Oder ein Haustier? Oder was zum Fressen? Das konnte echt alles sein, so ein Wippelwapp.

Es wurde Zeit, dass wir den Schrönk endlich fragten.

„Was ist denn eigentlich ein Wippelwapp?“, rief ich, ehe sich der Schrönk wieder in Bewegung setzen konnte. Der Schrönk drehte sich zu uns um. Er schien nachzudenken. Er sah schon nicht mehr ganz so traurig aus wie am Anfang. Irgendwie hatte dem Schrönk das Laufen und Suchen gutgetan.

„Da!“, rief der Schrönk plötzlich und deutete nach unten. „Da ist er ja. Mein Wippelwapp!“

Der Schrönk bückte sich, hob etwas vom Boden auf und hielt es in der Hand. Er streckte den Arm aus und zeigte uns den Wippelwapp.

Na ja, also, um ganz ehrlich zu sein, ich sah – GAR NICHTS! Und jetzt redete der Schrönk auch noch mit diesem Nichts.

„Hallo, Wippelwapp!“, sagte der Schrönk. „Schön, dass ich dich gefunden habe.“

„Äh“, sagte Polly. „Ich sehe nichts.“

„Geht mir genauso“, sagte ich.

„Klar“, sagte der Schrönk. „Der Wippelwapp, das ist ein ... ein ... na ja, ein Floh. Ein winziger Floh. Man kann ihn kaum sehen. Er ist die Attraktion des Walle-Wacke-Flohzirkus. Schaut mal: Er macht gerade einen Salto. Wahnsinn!“

Polly und ich strengten uns wirklich an. Aber wir sahen immer noch nichts. Alte Hacke! Dabei haben wir richtig gute Augen!

Der Schrönk blickte weiterhin gerührt auf seine Hand. Dann zog er mit der anderen eine Schachtel aus seiner Backentasche, ließ den Wippelwapp hineingleiten und schob die Schachtel wieder zurück in seinen breiten Mund.

„Also ist ein Schrönk wahrscheinlich ein Walle-Wacke-Flohzirkusdirektor“, sagte ich.

„Kann schon sein“, antwortete der Schrönk. Dann fragte

er: „Und? Was machen wir jetzt?“ Er strahlte übers ganze Bierbauchgesicht.

Da dachte ich plötzlich: Vielleicht gibt es überhaupt keinen Wippelwapp! Vielleicht war das Ganze nur ein Trick vom Schrönk! Vielleicht wollte er einfach nur Zeit mit uns verbringen! Uns kennenlernen! Unser Freund werden!

Wenn das stimmte, dann war das eine klasse Idee vom Schrönk. Eine so gute Idee, die hätte glatt von mir stammen können. Ihr müsst nämlich wissen: Ich bin berühmt für meine Ideen. Das sind die schrillsten, die krassesten Ideen der Welt. Ich kann nichts dafür: Die Ideen kommen mir immer, wenn ich renne. Je schneller ich renne, desto besser die Ideen.

„Kommst du mit uns?“, fragte ich den Schrönk. Schließlich schien er echt ein netter Kerl zu sein.

„Wohin?“, fragte der Schrönk zurück.

„Zum Murmelhügel.“

„Klar!“ Der Schrönk hüpfte kurz in die Höhe vor Freude.

Also nahmen wir den Schrönk mit.

Während wir so über die Murmelwiesen zum Murmelhügel rannten und der kugelrunde Schrönk neben mir herschlackerte, kam mir plötzlich eine Wahnsinnsidee.

Auf dem Murmelhügel trommelte ich dann auch gleich alle meine Freunde und Verwandten zusammen.

„Das ist der Schrönk!“, verkündete ich.

„Was ist denn ein Schrönk?“, fragte mein Bruder Willy.

„Er ist ein Walle-Wacke-Flohzirkusdirektor“, sagte ich. „Genauer wissen wir es nicht. Aber wir werden es schon noch herausfinden!“

Dann erklärte ich allen meine Idee.

Und wir bauten sofort eine riesige Murmelbahn. Eine büttel-di-bong Murmelbahn. So breit wie der Schrönk. Das war mit Sicherheit die breiteste Murmelbahn, die je von Murmeltieren gebaut worden war. Allererste Wackel-Sahne!

Als wir fertig waren, legte der Schrönk seine Arme und Beine um den kugelrunden Bierbauchkopf. So sah er selber aus wie eine Murmel. Eine Riesenmurmel natürlich.

Der Schrönk hatte einen Bollenspaß dabei, auf der neuen Murmelbahn runterzukugeln, bis zum Seichten Teich, in den er mit vollem Schwung walle-di-schwalle hineinplumpste.

Am Abend brachten wir ihn zu einem Unterschlupf am Rand des Bunten Walds.

„Ich darf hierbleiben?“, fragte der Schrönk. „Bei euch?“

„Aber das ist doch klar wie Wackelpudding!“, sagte ich.

„Schließlich müssen wir noch herausfinden, was zur Hacke ein Schrönk eigentlich genau ist!“, rief Polly. „Bis jetzt bist du eine Walle-Wacke-Flohzirkusdirektor-Riesenmurmel!“

„Ehrlich?“, fragte der Schrönk.
„Aber du hast bestimmt noch viel mehr drauf!“, sagte ich.
Der Schrönk strahlte.
„Gute Nacht, Schrönk!“, riefen wir.

„Gute Nacht, Billy! Gute Nacht, Polly!“
Walle Wacke! Klicke Klacke!
Alte Hacke! Billy Backe!

2

Billy Backe gegen Billy the Kid

Mein Name ist Backe. Billy Backe. Mit der Lizenz für Ideen. Ich bin ein Murmeltier. Meine beste Freundin heißt Polly. Sie ist ein Posthörnchen. Gestern haben wir den Schrönk kennengelernt. Doch was zur Hacke ist ein Schrönk eigentlich? So viel steht fest: Er ist eine Walle-Wacke-Flohzirkusdirektor-Riesenmurmel. Genauer wissen wir es nicht. Noch nicht, Freunde! Aber wir werden es schon herausfinden! Versprochen!

Als es am Morgen hell wurde, lief ich sofort zum Bunten Wald. Der Schrönk schnarchte immer noch in seinem Unterschlupf. Also, egal, was so ein Schrönk ist, eine Penntüte ist er auf jeden Fall. Ich ließ ihn schlafen und kehrte zurück zum Murmelhügel.

Polly erschien wie üblich um zehn Uhr dreizehn. Sie bringt uns jeden Morgen die Post. Das heißt, sie würde gern die Post bringen. Wenn es welche gäbe. Aber leider haben wir noch nie Post bekommen. Schnarcherei!

Polly und ich gingen hinunter zum Fliederfluss, um Wasser

zu holen. Als wir am Ufer knieten und unsere Trinkflaschen in den Fluss hielten, geschah etwas, mit dem wir hacke-backe absolut nicht gerechnet hatten.

„Was ist das denn?“, rief Polly und zeigte auf ein komisches Ding, das dort angeschwommen kam.

Mit einem langen Stock angelte ich das Ding heraus.

„Ein Hut!“, sagte Polly. „Sieht aus wie ein Cowboyhut.“

„Yippi-ya-yeah!“, rief ich und setzte den Hut sofort auf, obwohl er triefnass war. „Ich wollte schon immer Cowboy sein.“

Doch meine Freude dauerte nicht lange, denn am anderen Flussufer sprengte ein Kerl auf einem Pferd heran. Das war ein Cowboy, gar kein Zweifel. Aber ohne Cowboyhut.

„Hey!“, rief der Kerl. Allzu groß war er nicht. Nicht mal einen Kopf größer als Polly und ich. Und sein Pferd war ein Zwergpferd. Es hatte eine merkwürdige Farbe. Es war weder weiß wie ein Schimmel noch schwarz wie ein Rappe, sondern vollkommen rosa.

„Ihr zwei!“, rief der Cowboy. „Mein Name ist Billy the Kid. Ich bin der gefürchtetste, gemeinste, gefährlichste Cowboy im Walle-Wacke-Land. Und der weltbeste Spurenleser! Das ist *mein* Hut da. Ich hab ihn verloren. Werft ihn rüber!“

„Nein!“, rief ich sofort, weil mir der Hut so gut passte und ich ihn auf keinen Fall wieder hergeben wollte. „Das kann ja jeder sagen! Kommt nicht infrage! Ich bin Billy Backe, das gefürchtetste, gemeinste, gefährlichste Murmeltier im Walle-Wacke-Land. Ich denk nicht dran. Den Hut hab ich gefunden. Er gehört mir!“

„Es kann nur einen Billy geben im Walle-Wacke-Land!“, rief Billy the Kid. „Wir werden um den Hut kämpfen müssen.“

Das klang gut. Das klang nach einem Abenteuer.

„Kämpfen?“, sagte Polly und zitterte ein bisschen.

„Wir treffen uns heute Abend!“, rief Billy the Kid, ehe ich noch etwas sagen konnte. „Hier, am Fliederfluss“, fügte er hinzu. „Wir machen einen Cowboy-Wettkampf: Schwimmen, Kautabak-Weitspucken, Lasso-Zielwerfen, Reiten, Schießen. Wer gewinnt, bekommt den Hut.“

„Einverstanden“, rief ich und spuckte aus.

„Wirklich?“, fragte Polly.

Ich lief so schnell ich konnte zu meinem Erdloch. Polly neben mir her. Immer wenn ich renne, kommen mir die krassesten Ideen. Je schneller ich renne, desto besser die Ideen. Denn wenn ich renne, wirbelt Staub auf, und der Staub, den ich aufwirble, geht mir direkt durch die Nase in den Kopf. Und dort verwandelt er sich in super-duper-hyper-dyper-geniale Ideen.

So auch jetzt: Tatsächlich kamen mir drei wunderbare Ideen für den Kampf gegen Billy the Kid. Eine fürs Lasso-Werfen, eine fürs Reiten und eine fürs Wettschießen.

Leider nur drei Ideen, nicht fünf.

„Ich brauch deine Hilfe", sagte ich zu Polly. „Du musst für mich die Bienen bestechen." Das war meine erste gute Idee.

„Bitte was?", fragte Polly verwirrt.

Ich erklärte ihr meinen Plan und beschrieb genau, was sie zu tun hatte. Polly nickte und kicherte. Sie holte einen Pott Nektar und lief flott Richtung Bunter Wald zu den Bienenstöcken.

Ich selbst rannte weiter, zum Schrönk. Er war endlich wach und räkelte seine langen Arme und Beine.

„Hallo, Schrönk!", sagte ich.

„Hallo, Billy!"

„Ich glaube, ich weiß jetzt, was ein Schrönk ist."

„Ehrlich?"

„Ja", sagte ich. „Vielleicht ist ein Schrönk ein Pferd! Wollen wir das mal ausprobieren?"

„Na klar!", rief der Schrönk.

Das war meine zweite Idee.

Gemeinsam mit meinem Bruder Willy bastelte ich einen Sattel für mich und den Schrönk. In der Ferne sah ich Polly aus dem Wald eilen. Die Bienen folgten ihr.

„Alles in Ordnung!“, rief sie und streckte den Daumen hoch.

So weit, so gut.

Am Abend waren allesamt pünktlich zur Stelle. Meine neununddreißig Freunde und Verwandten, Polly, der Schrönk und ich. Auch Billy the Kid kam angetrabt. Siegesgewiss.

„Es kann nur einen Billy geben!“, sagte er wieder.

Ich nickte.

Alte Hacke! Der Kampf ging gar nicht gut los für mich. Das Wettschwimmen gewann Billy the Kid problemlos, weil ich gar nicht schwimmen kann.

Eins zu null für Billy the Kid.

Das Kautabak-Weitspucken gewann der kleine Cowboy ebenfalls. Das Kraut schmeckte karacho-ekelhaft! Ich spuckte es gleich wieder aus. Direkt vor meine Füße. Das war nicht sehr weit.

Zwei zu null für Billy the Kid.

Aber beim Lasso-Zielwerfen wendete sich das Blatt. Billy the Kid brauchte drei Versuche, ehe sich sein Seil um den langen Pflock schlang.

Jetzt war ich an der Reihe.

Polly gab mir ein Lasso. Es bestand aus zweihundertzweiundvierzig Bienen. Die Bienen hielten sich gegenseitig an den Beinchen fest. Sie bildeten ein Seil mit Schlinge. Polly hatte ganze Arbeit geleistet.

Ich warf das Lasso, und weil Bienen fliegen können, flog

meine Bienenschlinge mühelos und ganz genau zum Pflock. Volltreffer! Beim ersten Versuch!

Nur noch zwei zu eins.

Jetzt kam das Wettreiten. Zum Rand des Bunten Walds. Ich sprang auf den Schrönk, der schon mit den Beinen scharrte.

„Auf die Sättel, Wacke, Zack!", rief Polly.

Der Schrönk rannte wie der Wind! Seine langen Arme und Beine wirbelten durch die Luft.

Alter Häuptling Wackelnde Warze! Ich konnte mich kaum im Sattel halten, so schnell lief der Schrönk, der laut und fröhlich rief: „Ich bin ein Pferd! Ich bin ein Pferd!"

Wir waren lange vor Billy the Kid am Ziel.

Jetzt stand es unentschieden. Zwei zu zwei!

Es folgte der letzte, alles entscheidende Wettkampf. Das Wettschießen!

Wir zogen unsere Murmel-Pistolen und zielten auf Horst-Dieter. Horst-Dieter ist ein guter Freund von Polly und mir. Er ist ein großer Haselnussbaum. Wir haben ihn damals knallblau angemalt. Das fand er total schick. Seitdem sind wir rindendicke Freunde. Er schenkt uns immer seine Haselnüsse für

unsere Murmelspiele. Ziel des Wettschießens war ein Astloch in der Schulter von Horst-Dieter. Ich hatte alles mit ihm abgesprochen.

Das war meine dritte Idee: Immer wenn Billy the Kid schoss, bog sich Horst-Dieter zur Seite, und Billys Schuss verfehlte das Ziel. Immer wenn ich schoss, lenkte Horst-Dieter meine Murmel mit seinen Ästen genau ins Astloch.

Ich gewann! Drei zu zwei!

Billy the Kid war verzweifelt.

Und ich durfte den Hut behalten.

Doch ins allgemeine Hurra hinein hörten wir plötzlich ein lautes Platschen. Polly war beim Jubeln von einem Ast in den Fliederfluss gefallen. Das war natürlich saublöd, denn niemand von uns konnte schwimmen.

Im selben Augenblick hörten wir ein zweites Platschen. Billy the Kid war hinterhergesprungen. Wir feuerten ihn an. Polly ruderte mit den Armen. Sie prustete und rief nach Hilfe. Wir sahen, wie Billy the Kid mit mächtigen Armzügen auf Polly zuschwamm. Und was soll ich sagen? Er schaffte es! Schon war er bei ihr. Und zog Polly holla-di-hoppla ans Ufer.

Zum Dank gab ich Billy natürlich seinen Hut zurück.

Er strahlte. Na ja, er war wohl doch nicht der gefürchtetste, gemeinste, gefährlichste Cowboy im Walle-Wacke-Land. Er tat nur so.

Wir feierten alle zusammen ein Riesenfest.

„Sag mal, Billy“, fragte ich meinen neuen Freund. „Weißt du vielleicht, was genau ein Schrönk ist?“

„Ein Schrönk?“, fragte Billy the Kid. „Keine Ahnung.“

„Alter Häuptling Rollende Ratte!“, rief Polly. „Du kannst doch ’ne ganze Menge, lieber Schrönk! Du bist der Direktor des Walle-Wacke-Flohzirkus, du kugelst und kullerst wie eine Riesenmurmel, und außerdem bist du genauso schnell wie ein Pferd, also würde ich sagen: Du bist ein Walle-Wacke-Flohzirkusdirektor-Riesenmurmel-Pferd!“

„Bis jetzt!“, sagte ich.

Jedenfalls, das war die Geschichte, in der Billy the Kid meine Freundin Polly Posthörnchen vor dem Ertrinken rettete.

Walle Wacke! Nussgeknacke!

Alte Hacke! Billy Backe!

3

Die Igel-Indianer greifen an

Billy Backe mein Name. Lebe im Walle-Wacke-Land. Irgendwo ziemlich weit weg. Jeden Morgen um zehn Uhr dreizehn bringt Polly Posthörnchen die Post für mich und meine Freunde. Das heißt, sie würde gern Post bringen, wenn es welche gäbe. Aber wir haben noch nie Post bekommen.

„Hallo, Polly!“

„Hallo, Billy!“

„Hast du Post?“

„Nö.“

„Schade.“

So geht das jeden Tag.

„Das ist saulangweilig!“, sagt Polly immer.

Am Morgen nach meinem Wettkampf gegen Billy the Kid bastelte Polly uns zwei nigelnagelneue Cowboyhüte. Aus Stroh. Weil ich meinen Hut doch Billy the Kid zurückgegeben hatte, dem liebsten, nettesten, harmlosesten Cowboy im ganzen Walle-Wacke-Land. Denn der hatte Polly vorm Ertrinken gerettet.

Anschließend schlenderten wir gemeinsam mit dem Schrönk am Bunten Wald entlang. Plötzlich kam Billy the Kid angerannt. Er wirkte sehr aufgeregt und wedelte mit seinem Cowboyhut.

„Rosa!“, rief er. „Man hat Rosa gestohlen!“

„Rosa?“

„Mein rosa Zwergpferd! Es heißt Rosa!“

„Aber wer denn? Wer hat Rosa gestohlen?“, fragte ich.

„Die Igel-Indianer!“

„Alter Häuptling Blinkende Birne!“, fluchte Polly.

Das war wirklich eine üble Nachricht. Die Igel-Indianer sind fitte, fiese, findige Vielschießer. Sie haben immer jede Menge Pfeile in ihren Köchern. Also, ich meine, in ihren Rücken. Denn als Pfeile benutzen die Igel ihre Stacheln. Sie sind ständig auf dem Kriegspfad und nur auf Randale aus.

„Hör zu“, sagte ich zu Billy the Kid. „Wir verbünden uns. Wir werden dein Pferd zurückholen. Billy the Kid und Billy Backe. Wir zwei sind nicht zu schlagen.“

„Was ist mit mir, du Angeber?“, fragte Polly. Sie war etwas sauer, weil ich nicht sofort an sie gedacht hatte.

„Du kommst natürlich mit“, sagte ich.

„Und ich?“, fragte der Schrönk.

Wir wissen immer noch nicht genau, was ein Schrönk ist. Er ist auf jeden Fall schon mal ein Walle-Wacke-Flohzirkusdirektor-Riesenmurmel-Pferd. Aber bestimmt kann er noch viel mehr. Das werden wir schon noch herausfinden.

„Natürlich nehmen wir dich auch mit!“, rief ich.

Und schon ging es los. Zu viert marschierten wir in den Tag hinein. Als wir durch den Bunten Wald kamen, sagten wir noch schnell „Tschüss!“ zu Horst-Dieter, dem blauen Haselnussbaum. Er wünschte uns viel Erfolg und schüttelte ein paar Nüsse von den Zweigen, für unterwegs.

„Würde gerne mitkommen!“, rief er uns noch hinterher, aber das ging ja leider nicht.

Wir stapften durch die Windigen Hügel. Das war wirklich ganz schön windig, Leute! Wir mussten uns dem Wind entgegenstellen, der hier ewig wehte und blies.

Dann überquerten wir die M-Brücke. Die M-Brücke heißt M-Brücke, weil sie aussieht wie ein M. Das war vor allem am Anfang und am Ende echt schweinesteil, kann ich euch sagen.

Schließlich erreichten wir die Staubige Prärie. In der Ferne standen die Wigwams der Igel-Indianer. Rauch qualmte aus den Schornsteinen.

„Und jetzt?“, fragte der Schrönk.

„Jetzt holen wir uns das Pferd zurück!“, rief ich.

„Hört sich gut an“, sagte Polly. „Aber wie genau wollen wir das anstellen?“

„Ich muss rennen“, sagte ich nach kurzem Überlegen. „Die besten Ideen kommen mir immer beim Rennen. Weißt du doch!“

Gedacht, gesagt. Gesagt, getan.

Und Walle-Watsch!

Ich rannte sofort los, immer im Kreis um meine Freunde herum. Je länger ich rannte, desto mehr Ideen kamen mir.

Das waren die besten davon:

Wir greifen die Igel-Indianer mit Heißluftballons an!

Wir fahren mit Prärie-U-Booten unter der Erdoberfläche!

Wir wälzen einen Riesenfelsen vor uns her, als Deckung!

Wir trinken einen Unsichtbarkeitstrank!

Wir werfen Schlafmittelbomben!

Wir ... wir ...

„Stopp!“, riefen Polly, der Schrönk und Billy the Kid gleichzeitig.

Die Ideen fanden sie zwar echt toll, aber das Blöde war: Wir hatten weder Heißluftballons noch Prärie-U-Boote noch Riesenfelsen noch einen Unsichtbarkeitstrank noch Schlafmittelbomben.

Aber das war jetzt auch egal. Denn durch mein pausenloses

Im-Kreis-Herumlaufen hatte ich so viel Staub aufgewirbelt, dass die Igel-Indianer uns längst entdeckt hatten.

„Da kommen sie!“, rief Billy the Kid.

Wir hatten keine Wacke-Wahl. Wir mussten rucki-di-zucki fliehen. Es waren einfach zu viele!

Wir suchten also so schnell wie möglich das Weite. Die Igel-Indianer immer hinter uns her. Das war eine wilde Jagd. Wir stoben durch die Staubige Prärie, kletterten die M-Brücke hoch und runter und hoch und runter, überquerten die Windigen Hügel und den Fliederfluss.

Nur, wohin jetzt?

„Zu Horst-Dieter!“, rief Polly. „Der wird uns helfen.“

Das war mal eine Idee, die sich verwirklichen ließ.

„Horst-Dieter!", keuchte Polly, als wir unseren Freund erreicht hatten. „Du musst uns helfen!"

„Ruhig Blut!", sagte Horst-Dieter. „Was ist denn los?"

„Igel-Indianer!"

Und da kamen sie auch schon: Zwanzig Igel-Indianer in Kriegsbemalung, mit Kriegsgeschrei. Allen voran Häuptling Iggy Igel.

„Jetzt haben wir euch!", rief Iggy Igel.

Polly kletterte flink in Horst-Dieters Baumkrone.

Alte Hacke!

Wir wären ihr gern gefolgt.

Nur wie? Billy the Kid und ich waren schließlich keine Posthörnchen.

Da legte sich der Schrönk auf die Erde und sagte: „Springt auf meinen Bauch!"

Wir nahmen Anlauf und hopsten auf den Bierbauch vom Schrönk. Alter Häuptling Springende Glatze! Der Bauch vom Schrönk federte wie ein Trampolin! Er katapultierte uns hoch hinauf in die Äste von Horst-Dieter.

Als wir oben waren, zog sich der Schrönk mit seinen langen Armen selber hinauf. Er rief: „Ich bin ein Trampolin! Ich bin ein Trampolin!"

„Hmm", sagte Polly. „Ich glaube, wir kommen der Sache langsam näher."

„Welcher Sache?", fragte der Schrönk.

„Na, herauszufinden, was genau ein Schrönk ist!"

„Und?", keuchte Billy the Kid. „Was genau ist ein Schrönk?"

„Also, bis jetzt", sagte Polly, „ist ein Schrönk ein Walle-Wacke-Flohzirkusdirektor-Riesenmurmel-Pferd-Trampolin!"

Ich muss sagen, das klang wirklich schon ziemlich gut. Aber für solche Gedanken hatten wir jetzt absolut keine Zeit. Denn die Igel-Indianer zückten die Pfeile aus ihren Köchern, also, aus ihren Rücken, und schossen sie zu uns hoch.

Horst-Dieter lachte nur und fing alle flirrenden Pfeile mit seinen Ästen ab.

„Das ist toll!", rief er. „Wunderbar! Ja, bitte, hier noch! Bitte mehr kratzen! Mehr davon! Mehr! Das ist wirklich herrlich, so viel steht fest!"

Die Igel-Indianer schossen so lange, bis sie keine Pfeile mehr im Rücken hatten. Igel ohne Pfeile, also, ohne Stacheln … Hm, das sah irgendwie traurig aus. Die Igel schauten sich verschämt an. Sie fühlten sich walle-wacke-nackt und bibberten am ganzen Körper.

„Sagt mal“, fragte Häuptling Iggy Igel kleinlaut, „könntet ihr uns vielleicht unsere Pfeile zurückgeben?“

„Nur, wenn Billy the Kid sein Pferd wiederbekommt!“, rief Polly.

Gute Idee!

Die Indianer beratschlagten kurz. Schließlich stimmten sie zu. Wir kletterten vom Baum. Die Igel-Indianer stopften sich gegenseitig die Stacheln in die Köcher, also, in die Rücken. Und Horst-Dieter summte fröhlich. Das hatte ihm gutgetan, mal so richtig fett gekratzt zu werden!

Dann rauchten wir alle zusammen die Friedenspfeife.

Jedenfalls, das war die Geschichte, in der wir die Igel-Indianer überlisteten.

Walle Wacke! Blaue Schlacke!

Alte Hacke! Billy Backe!

4

Alter Häuptling Stinkender Fuß

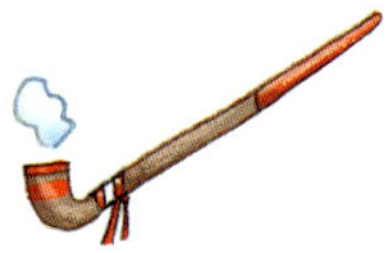

Mit Hilfe von Horst-Dieter, dem blauen Haselnussbaum, hatten wir die Igel-Indianer besiegt. Und als wir nun alle die Friedenspfeife rauchten, da fragte Polly den Häuptling: „Sag mal, Iggy, weißt du vielleicht, was genau ein Schrönk ist?"

„Nein", sagte Iggy Igel und kratzte sich mit einem Pfeil, also mit einem Stachel, das linke Bein. „Aber warum fragt ihr nicht einfach den Alten Häuptling Stinkender Fuß?"

„Wen?", fragte Polly.

„Wie?", fragte ich.

„Was?", fragte der Schrönk.

„Sagt bloß, ihr kennt den Alten Häuptling Stinkender Fuß nicht?", sagte Iggy ungläubig. „Das ist der weiseste Mann im ganzen Walle-Wacke-Land. Er weiß alles! Bestimmt auch, was genau ein Schrönk ist."

„Au ja!", rief Polly. „Ein sauberer Abenteuerritt!"

„Ich erkläre euch, wie ihr hinkommt", sagte Iggy.

Wir waren alle Feuer und Flacke, und am nächsten Morgen

brachen wir auf. Billy the Kid stieg auf sein Zwergpferd namens Rosa, das die Igel-Indianer wieder rausgerückt hatten. Polly und ich ritten auf dem Schrönk. Der war echt ziemlich stark, muss ich sagen. Er konnte uns problemlos beide tragen.

Als wir am Dunklen Wald ankamen, stiegen wir ab. Den Dunklen Wald mussten wir zu Fuß durchqueren. Denn der Dunkle Wald heißt ja Dunkler Wald, weil er so dunkel ist. Also richtig strumpfdunkel. Da sieht man die Hand vor Augen nicht. Daher das Schild am Eingang des Dunklen Walds:

Tatsächlich rammten wir ständig die Bäume. Und jeder holte sich drei fette Beulen. Nur der Schrönk nicht. Wenn der gegen einen Baum prallte, federte er einfach zurück. Als wäre sein Kopfbauch aus Gummi.

„Ist doch lustig hier, im Dunklen Wald!", rief der Schrönk.

Fanden wir nicht, aber egal.

Als wir schließlich aus dem Dunklen Wald traten, salbten wir unsere Beulen erst mal mit Ziegenmist ein. Walle-Watsche, Fliegenpatsche! Der Ziegenmist stammt von den Gewitterziegen, die am Rand des Dunklen Walds grasen, und wirkt wahre Wunder bei der Beulenheilung, das kann ich euch sagen. Die Beulen platzten ratzfatz, als hätte man mit einer Nadel in kleine Luftballons gestochen.

Wir ritten durch die winzige Steinige Wüste und kamen am Tunnel von Toledo vorbei. Wir überquerten die Hängebrücke an der Schlucht der Scharfen Zähne. Dann watschelten wir durch die Walle-Wacke-Treibsand-Pampa.

Nach einer Woche gelangten wir endlich ans Ziel: ins Wilde Wiesental. Dort hatten der Alte Häuptling Stinkender Fuß und sein Stamm, die Kuddelmuddel-Indianer, ihre Wigwams aufgeschlagen. Die Kuddelmuddel-Indianer waren ein friedliches Völkchen. Sie empfingen uns freundlich, und jeder bekam einen Schluck Kakao. Der stammte von den Kakaokühen, die hier lebten und statt Milch süßen Kakao gaben. Der Kakao war sogar heiß! Denn Kakaokühe sind keine Warmblüter. Sie sind Heißblüter.

„Wir sind gekommen, um dem Alten Häuptling Stinkender Fuß eine Frage zu stellen", sagte Billy the Kid.

Die Indianer nickten. Und reichten jedem von uns eine … Ja,

was zur Hacke war denn das? Das sah aus wie eine Wäscheklammer.

Dann zeigten sie auf einen Hügel in einiger Entfernung.

„Da wohnt der Häuptling?“, fragte Polly.

Die Kuddelmuddel-Indianer nickten.

„Wollt ihr uns nicht dorthin begleiten?“, fragte ich.

Die Indianer lachten und schüttelten den Kopf.

Kuddelmuddel-Indianer sprachen offenbar nicht viel.

Also gingen wir allein los. Nach wenigen Schritten schnupperten wir angeekelt.

„Sauerei!“, rief Polly. „Was müffelt hier denn so?“

„Keine Ahnung“, sagte der Schrönk. „Ich war's nicht!“

Je näher wir dem Hügel kamen, umso bestialischer wurde der Gestank. Nicht zum Aushalten. Igitt! Das stank wie ein verfaulter Haufen Dinosauriermist, wie eine Armee schmutziger Rhabarber-Ratten, das stank wie dreimal ausgefurzte Leberwurst, schlimmer noch stank das als am Titicacasee!

Irgendwann konnten wir einfach nicht mehr.

Polly sagte: „Ich kipp gleich um!“

Billy the Kid hatte als Erster die Idee, sich die Wäscheklammer auf die Nase zu stecken. Wir folgten seinem Beispiel. Ja, das half enorm! So konnten wir weiterlaufen, unbehelligt vom Gestank.

Schließlich erreichten wir das Zelt des Alten Häuptlings Stinkender Fuß. Wir schlugen die Plane zurück und traten ein.

„Seid gegrüßt, Stinkerlinge!“, rief der Alte Häuptling.

Er saß auf einem Berg Kissen, die pechschwarzen Füße nackt von sich gestreckt. Von den Füßen zwirbelte sich grünlich-käsiger Dampf in die Luft.

„Hallo, Alter Häuptling!“, näselte Polly. „Was stinkt denn hier so? Ich riech das noch durch die Wäscheklammer durch!“

Ich knuffte Polly in die Seite. Sie konnte manchmal sehr direkt sein. Den Häuptling aber schien das nicht zu stören.

„Meine Füße!“, rief der Häuptling. „Ich habe sie nicht mehr gewaschen, seit ich drei Jahre alt war.“

„Was?!“, rief Polly. „Das ist ja karacho-ekelhaft!“

„Nein, meine Freunde. Aus dem Duft meiner Füße entspringt meine gesamte Weisheit. Ich atme den Duft ein, und der Duft wandelt sich in meinem Geist zu nacktem Wissen.“ Der Alte Häuptling fächerte sich mit der Hand etwas von dem Stinkedampf zu und atmete ihn tief ein.

„Also deshalb heißt du Alter Häuptling Stinkender Fuß?“, fragte der Schrönk.

„So ist es.“

„Wir sind gekommen“, sagte ich und schob den Schrönk ein Stückchen Richtung Alter Häuptling, „um herauszufinden, was ein … ein Schrönk ist.“

„Genau“, flüsterte der Schrönk näselnd und drückte die Wäscheklammer noch fester an seine Bierbauchnase.

Da erhob sich der Häuptling und führte einen merkwürdigen

Tanz auf. Dazu sang er. Ganz genau hab ich den Text nicht verstanden, aber es klang wie „Hullahurtig, mullamurtig, kullakurtig, tullaturtig“ oder so ähnlich. Und dann rief er: „O du Geist des Gestanks, sage mir, was ein Schrönk ist!“ Der Alte Häuptling schnupperte und lauschte eine Weile. Wir lauschten auch. Aber wir hörten nichts.

Schließlich öffnete der Alte Häuptling Stinkender Fuß die Augen, strahlte, hockte sich wieder auf sein Kissen und sagte mit bedeutenden Gesten: „Ein Schrönk ist ein Walle-Wacke-Flohzirkusdirektor-Riesenmurmel-Pferd-Trampolin.“

Wir sahen ihn enttäuscht an.

„Freut ihr euch nicht?“, fragte der Häuptling.

„Das wussten wir schon vorher“, sagte ich.

„Das wusstet ihr? Warum habt ihr mich denn dann gefragt?“

„Ja, siehst du, Häuptling“, sagte ich, „das sind alles Sachen und Dinge, die der Schrönk *kann* und *tut*, aber du hast uns nicht gesagt, was der Schrönk genau *ist*.“

„Ich verstehe euch nicht“, sagte der Häuptling.

Wir sahen uns an. Dann brach es aus uns heraus.

„Ich bin ein Posthörnchen!“, rief Polly.

„Ich bin ein Mensch!“, rief Billy the Kid.

„Ich bin ein Murmeltier!“, rief ich.

„Horst-Dieter ist ein Haselnussbaum!“, rief Polly.

„Ach so“, sagte der Häuptling. „Das meint ihr. Hm. Keine Ahnung. Könnt ihr mich nicht was anderes fragen? Wie hoch ist der höchste Berg? Wie weit ist der Mond von der Erde entfernt? Wie alt werden Schleimschnecken? Kann man das Gras wachsen hören? Das weiß ich! Das weiß ich alles.“

Doch der Schrönk schüttelte traurig den Kopf. Schon wollte er das Zelt verlassen, da rief der Alte Häuptling: „Halt! Jeder Stinker soll dieses Zelt hier mit einem Lächeln auf den Lippen verlassen. Tritt näher, Schrönk!“

Der Schrönk trat näher. Der Alte Häuptling Stinkender Fuß strich sich durch seinen langen Bart. Als suche er irgendetwas. Dann streckte er die Hand aus und sagte: „Hier, mein Lieber! Ein Geschenk für dich!“

Der Schrönk schaute auf die Hand des Alten Häuptlings und strahlte sofort. „Ein Floh!", rief er. „Ein Floh!"

„Es ist ein besonderer Floh", sagte der Alte Häuptling. „Ein asiatischer Kampffloh. Den habe ich einem Kaufmann aus West-Chinokataga abgekauft. Der Floh heißt Wi-Hi-Ti-Pi-Ti, und er kann Kung-Fu und Karate und Taekwondo."

„Ich danke dir, Alter Häuptling", sagte der Schrönk, öffnete seine Streichholzschachtel und ließ den Floh hineinspringen. Jedenfalls denke ich, dass er es tat, denn gesehen haben wir alle mal wieder nichts davon.

Also verließ der Schrönk doch noch zufrieden das Zelt des Alten Häuptlings. Er strahlte sogar von einer Bierbauchbacke zur anderen. Obwohl wir immer noch nicht rausgefunden hatten, was genau so ein Schrönk eigentlich ist. Aber morgen ist auch noch ein Tag. Und wem die Sonne scheint, dem kann der Mond nicht blühen. Keine Ahnung, was das bedeutet. Das sagt man halt so bei uns!

Walle Wacke! Ziegenschlacke!

Alte Hacke! Billy Backe!

5

Die Schlucht der Scharfen Zähne

Leute, jetzt hatten wir eine so weite Reise unternommen und immer noch nichts herausgefunden! Jedenfalls nichts, was wir nicht vorher schon gewusst hätten. Und dann schlitterten wir auch noch direkt ins nächste Abenteuer hinein!

Wir befanden uns auf dem Rückweg. Hatten das Wilde Wiesental und die Treibsand-Pampa hinter uns gelassen und sahen vor uns schon den Berg der Engelspapageien. Wir erreichten die Hängebrücke an der Schlucht der Scharfen Zähne. Am Grund der Schlucht lag der Grüne See. Die Wasseroberfläche funkelte gruselig in der Sonne.

„Warum heißt die Schlucht der Scharfen Zähne eigentlich Schlucht der Scharfen Zähne?“, fragte ich Billy the Kid.

„Weiß nicht“, sagte er. „Vielleicht weil die Ränder der Schlucht so spitz und scharf sind wie Zähne?“

„Hm“, sagte ich.

In diesem Augenblick hörten wir ein Geräusch. Wir blickten nach unten. Aus dem Wasser war etwas in die Luft gesprungen. Wir hatten nicht genau erkannt, was es gewesen war. Es half nichts. Wir mussten über die Brücke, wenn wir nach Hause wollten.

Die Hängebrücke schaukelte hin und her. Als wir zehn Schritte gegangen waren, hörten wir wieder dieses merkwürdige Geräusch.

Klapp Klapp. Pratsch Pratsch.

Klapp Klapp. Pratsch Pratsch.

Wir blickten nach unten.

Und da sahen wir sie: Krokodile! Riesige Krokodile! Die mit ihren Schnauzen klapperten, als wollten sie sagen: Leute, wir haben einen Mordshunger! Wann fallt ihr endlich hier rein?

Die reinsten Klapperkrokodile!

Uns schlackerten vor Angst sofort die Knie.

„Wo waren die Krokodile denn auf dem Hinweg?“, rief ich.

„Keine Ahnung!“, sagte Polly.

„Vielleicht haben sie da geschlafen“, sagte Billy the Kid.

„Das kann schon sein“, sagte ich. „Auf dem Hinweg waren wir früh am Morgen hier.“

„Jetzt wissen wir aber endlich, weshalb die Schlucht der Scharfen Zähne Schlucht der Scharfen Zähne heißt“, rief Polly. „Seht ihr die Zähne in den Mäulern der Krokodile? Die müssen sauscharf sein! Verflixt!“

Wir durften jetzt keinen falschen Schritt machen. Wenn wir fielen … Nicht auszudenken, was dann geschähe.

Im nächsten Augenblick schnellte eins der Klapperkrokodile aus dem Wasser. Aber nur etwa einen Meter hoch. Puh! Das war ungefährlich. Denn die Brücke schwebte zehn Meter über dem Grünen See. So konnten uns die Krokodile nichts tun.

Doch da sprang schon das zweite. Und zwar doppelt so hoch wie das erste: zwei Meter! Walle-Wacke-Wau-Wau!

Als das dritte Krokodil drei Meter hoch sprang, dachte ich: Au Backe! Alte Hacke! Nichts wie weg hier!

Denn tatsächlich: Jedes Klapperkrokodil sprang exakt einen Meter höher als das vorherige. Vier Meter hoch sprang das vierte. Und fiel pratschend und platschend zurück ins grüne Wasser.

Das nächste sprang satte fünf Meter hoch!

Und wir? Wir befanden uns mitten auf der Hängebrücke. Mussten also noch die Hälfte des Wegs zurücklegen. Wir hielten uns an den Seilen der schwankenden Brücke fest.

„Achtung! Morsches Holz!“, rief der Schrönk. Er war mit einem Bein durch ein Brett der Brücke gekracht, konnte sich aber gerade noch festhalten.

„Nicht nach unten sehen“, sagte Billy the Kid.

Aber das war nicht so einfach. Die Krokodile sprangen immer höher. Ihre Schnauzen mit den scharfen Zähnen kamen unseren Füßen immer näher!

Klapp Klapp. Pratsch Pratsch.

Klapp Klapp. Pratsch Pratsch.

Wir rochen schon den giftigen Atem der Krokodile.

Da sprang das neunte Krokodil: neun Meter hoch! Es machte einen Überschlag in der Luft und schlug den Schwanz in Richtung Brücke, und beinah hätte es uns erwischt!

Und als sich das zehnte Klapperkrokodil in die Höhe katapultierte, half alles nichts mehr: Es machte einen Salto mortale und sein Schwanz traf mit voller Wucht die Hängebrücke.

Was soll ich sagen, Freunde.

Die Katastrophe!!!

Die Brücke witschte hin und her. Ich konnte mich nicht mehr halten und verlor mein Walle-Wackel-Gleichgewicht, ruderte mit den Armen, kippte nach hinten über das Geländer der Brücke – und fiel!

Ich sah, wie der Schrönk nach mir griff, aber seine langen Arme verfehlten meine Hand. Walle-Wacke-Wahnsinn! Ich war verloren! Es war vorbei!

In allerletzter Sekunde schwirrte etwas dicht vor mir durch die Luft. Ich wusste nicht genau, was es war, aber ich dachte: besser als nichts! Und schnappte danach. Es fühlte sich rau an wie ein Seil. Ich hielt mich fest. Es gab einen harten Ruck: Mein Fall hinab war gestoppt. Ich baumelte in der Luft. Und blickte nach oben. Billy the Kid stand auf der Hängebrücke und hielt sein Lasso fest zwischen den Händen. Und ich hing am anderen Ende.

„Halt durch, Billy!", rief er.

Alter Häuptling Kleckernder Wasserfall!

Billy the Kid musste sich anstrengen, damit ihm das Lasso nicht aus den Fingern glitt. Polly und der Schrönk halfen ihm sofort, das Seil am Knauf von Rosas Sattel festzuknüpfen. Dann zogen sie mich langsam nach oben. Ich aber, Freunde, ich schaute jetzt nach unten!

Ich baumelte etwa fünf Meter über dem Fluss. Die Klapperkrokodile schauten aus dem Wasser zu mir hoch. Gierig. Grimmig. Hungrig. Und dann fingen sie wieder an zu springen.

Hilfe!

Doch das erste Krokodil, das aus dem See nach oben sprang, kam wieder nur einen Meter hoch. Und jetzt sah ich, dass dieses Krokodil die Ziffer 1 auf dem Rücken trug. Das nächste Krokodil trug eine 2 und kam zwei Meter hoch. Die Klapperkrokodile mussten anscheinend in einer genau festgelegten Reihenfolge hochspringen. Eins nach dem anderen. Nur nicht drängeln!

Meine Freunde zogen mich hoch. Es war ein Wettkampf. Die Muskeln meiner Freunde gegen die grässlichen Zähne der Klapperkrokodile.

Hau ruck! Hau ruck!

Klapp Klapp! Pratsch Pratsch!

Hau ruck! Hau ruck!

Klapp Klapp! Pratsch Pratsch!

Doch die Krokodile waren schneller. Schon schnellte das neunte Krokodil hinauf. Ich sah seine weißen Augen. Das Vieh würde gleich zubeißen!

Ich befand mich nur noch einen Meter unterhalb der Brücke. Doch gerade als das Krokodil zuschnappen wollte, da – ha! – da schlug der Schrönk dem Krokodil mit seiner rechten Faust volle Wackelkanne auf die Schnauze. Noch ehe das fiese Maul hätte zuschnappen können!

Das Krokodil flog zwei Meter nach rechts. Und plumpste nach unten. Mitten auf Klapperkrokodil Nummer zehn. Sofort entbrannte im See ein heftiger Streit. Das Wasser spritzte.

Wir nutzten unsere Chance.

Während die Klapperkrokodile gegeneinander kämpften, zogen mich meine Freunde das letzte Stück hoch, und wir eilten ans andere Ende der Brücke.

Geschafft! Gerettet! Was für eine Freude! Wir waren den Klapperkrokodilen entkommen!

„Danke“, sagte ich. „Ihr habt mir das Leben gerettet! Das werd ich euch nie vergessen.“

„Mensch“, sagte Billy the Kid. „Das wäre richtig schlimm, wenn's nur einen Billy gäbe im Walle-Wacke-Land!“

Polly umarmte mich ganz fest.

Wir machten erst mal Pause. Lagerfeuer und so. Wir grillten selbst gedrehte Eukalyptusbrötchen, dazu von Gewitterziegen wiedergekäute Erdapfelmarmelade und grün pürierte Anti-Schocken-Herzen. Gegen den Schock, Freunde!

Walle Wacke! Klapperkracke!

Alte Hacke! Billy Backe!

6

Der Ampelmann wird rot

Freunde! Man nennt uns Murmeltiere, weil wir so gern mit Murmeln spielen. Die Murmeln sind eigentlich Nüsse, die wir angemalt haben. Mit Wasserfarben. Die Nüsse haben wir von Horst-Dieter, dem blauen Haselnussbaum, unserem rindendicken Freund.

Wir sind ganz verrückt nach unseren Murmeln. Mit Murmeln kann man superviel machen. Murmel-Tennis, Murmel-Rotzen, Murmel-Köpfen, Murmel-Hoch-, -Weit- und -Tiefwurf. Am allerliebsten bauen wir Murmelbahnen. Von ganz oben, von der Spitze des Murmelhügels, laufen unsere Murmelbahnen an unseren Erdlöchern vorbei bis zum Seichten Teich. Alles ganz harmlos. Sollte man meinen.

Aber für unsere geliebten Spiele haben wir im Augenblick keine Zeit. Wir erleben ständig Abenteuer. Wir haben die Igel-Indianer besiegt und den Alten Häuptling Stinkender Fuß aufgesucht, wir haben gegen die Klapperkrokodile gekämpft und sind mit Müh und Not ihren scharfen Zähnen entkommen.

Jetzt befanden wir uns auf dem Rückweg. Immer Richtung Heimat, Richtung Murmelhügel. Wir ritten durch die Steinige Wüste. Na ja, es ist eigentlich nur eine kleine Wüste, also eher ein Wüstchen. Die Steine in der Steinigen Wüste bilden richtige Wege. Kreuz und quer und heck und queck. Wie Straßen eben.

„Mensch, Billy!“, rief Polly. „Da vorne! Schau mal! Was ist das denn?“

Tatsächlich. Am Rand der Wüste stand ein merkwürdiges Ding. Je näher wir kamen, umso merkwürdiger schien es uns. Es war doppelt so groß wie Polly und ich, mit nur einem einzigen grauen Bein. Zwei Arme, die schlaff herabhingen. Ein Kopf mit spitzem Hut. Und wo der Bauch sein sollte, sahen wir einen rechteckigen Kasten. Mit drei Kreisen darin.

Der unterste dieser Kreise leuchtete grün. Die beiden anderen Kreise waren schwarz.

Wir ritten hin und stiegen ab.

„Hallo!“, sagte ich. „Ich bin Billy Backe. Das hier ist der Schrönk. Polly Posthörnchen. Billy the Kid. Und wer bist du?“

„Ich bin der Ampelmann“, antwortete das Wesen.

„Aha!“, sagte ich. „Und was machst du so den ganzen Tag?“

„Ich leuchte vor mich hin.“

„Okay“, sagte Polly. „Ist das nicht saulangweilig?“

„Los jetzt!“, rief der Ampelmann plötzlich und zeigte auf den grün leuchtenden Kreis in seinem Bauch. „Ihr habt Grün. Ihr dürft hier nicht stehen bleiben! Ihr haltet den Verkehr auf!“

Wir sahen uns um. Weit und breit war nichts zu sehen.

„Welchen Verkehr?“, fragte der Schrönk.

Der Ampelmann drehte sich nach rechts, nach links, nach vorne, nach hinten, und plötzlich wurde er rot. Das heißt: Der obere seiner drei Kreise wurde rot. Und das Grün erlosch.

„Ich glaube, ich hab mich verlaufen“, sagte der Ampelmann.

„Macht doch nichts“, sagte Polly.

In diesem Augenblick wollte der Schrönk am Ampelmann vorbeigehen, doch der Ampelmann schrie: „Stopp! Es ist Rot! Ihr dürft nicht weiter!“ Er breitete seine Arme aus.

Wir sahen uns an. Irgendwie war dieser Ampelmann nicht ganz richtig im Dachstübchen.

„Also“, sagte ich, „dann wollen wir mal wieder!“

Doch als ich mich umdrehte, rief der Ampelmann: „Nein! Ihr könnt nicht zurück. Das ist eine Einbahnstraße!“

„Eine was?“

Der Ampelmann seufzte. „Ihr habt keine Ahnung vom Straßenverkehr, was?“, fragte er.

„Nö“, sagte Polly.

„Wir sind Cowboys!
Was schert uns der Verkehr!
Wo wir hinreiten, gibt's keine Regeln.“

„Yippi-ya-yeah!“, rief Billy the Kid.

„Na ja. Denkt ihr. Dann will ich euch mal was verklickern!“, sagte der Ampelmann. „Einbahnstraßen darf man nur in eine Richtung befahren. Bei Grün dürft ihr gehen. Bei Rot müsst ihr stehen.“

Der Ampelmann erklärte uns jetzt minutenlang alle Verkehrsregeln, die er kannte. Das hörte sich echt lustig an. Aber wir verstanden kein Wort. Währenddessen lief ich mächtig hin und her, weil ich eine Idee suchte. Ihr wisst ja: Meine besten Ideen kommen mir immer, wenn ich renne.

„Weißt du was?“, rief ich endlich. „Komm mit zu unserem Murmelhügel. Wir können dich gut gebrauchen.“

„Ehrlich?“, fragte der Ampelmann.

„Klar! Ein Ampelmann für unsere Murmelbahnen.“

„Gute Idee!“, rief Polly.

Der Ampelmann blinkte vor Freude. Er hüpfte auf und ab.

„Auf geht's“, rief Polly.

Der Ampelmann bull-di-bongte mit uns durch den Dunklen Wald. Der Dunkle Wald war dieses Mal gar nicht so dunkel, weil der Ampelmann mit seinem mittleren Kreis die ganze Zeit krassgelb leuchtete.

Bald erreichten wir gemeinsam den Murmelhügel. Alter Häuptling Kalter Kaffee! Zuerst erzählten wir meinen neununddreißig Freunden und Verwandten unsere Abenteuer. Und dann, ja, dann bauten wir eine ganz neue Murmelbahn.

Mit Stopp- und Hoppschildern.

Mit Einbahnstraßen und Zweibahnwegen.

Mit Langsam- und Schnellstraßen.

Mit Kreis- und Rechteckverkehr.

Mit Sackgassen und Tütenalleen.

Mit Zebrastreifen und Stinktierkaros.

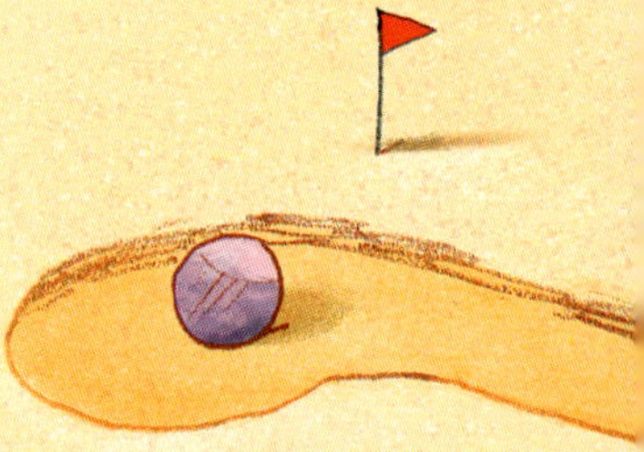

Meine Freunde und Verwandten, Polly und ich sprangen wie wild herum. Wir waren heftig im Murmeltier-Verkehrschaos-Einsatz. Wenn die Murmeln an ein Stoppschild kamen, mussten wir sie anhalten. Und wir konnten sie erst weiterrollen lassen, wenn die Vorfahrt geregelt war. Und mittendrin unser Ampelmann. Der leuchtete mal rot, mal grün, mal gelb. Wir hatten einen Schweinespaß, das muss man sagen.

Vor allem der Schrönk. Seine langen Arme und Beine ließ er wie eine Schranke runtersausen, wenn eine Murmel falsch herum in eine Einbahnstraße abbog. Oder einfach so über Rot rollen wollte. Alte Hacke! Am Schrönk kam keine vorbei. Er war eindeutig eine Walle-Wacke-Flohzirkusdirektor-Riesenmurmel-Pferd-Trampolin-Schranke. Gar keine Frage.

Nach solchen Abenteuern auf Leben und Tod hatten wir den Spaß wirklich verdient. Am Abend saßen wir alle erschöpft bei-

30
P
STOP

sammen. In Horst-Dieters Schatten. Wir tranken warme Walle-Wacke-Schlacke. Das schmeckt noch leckerer als Cola.

Irgendwann stand Billy the Kid auf und sagte: „Freunde! Ich muss weiter. Wir sehen uns bestimmt bald wieder."

„Bleib doch bei uns!", riefen wir.

„Ich kann nicht", sagte Billy the Kid. „Ein Cowboy ist ein einsamer Reiter. Manchmal muss man auch mal eine Weile für sich sein. Aber keine Sorge. Im nächsten Jahr komm ich euch besuchen. Wenn der Winterschlaf rum ist!"

Wir blickten ihm nach, wie er auf seinem Zwergpferd Rosa in den Sonnenuntergang ritt.

Walle Wacke! Ampelflacke!

Alte Hacke! Billy Backe!

7

Ein Brief kommt selten allein

Also echt, Leute, eins muss ich jetzt endlich mal loswerden: Das Langweiligste, also wirklich, das Allerlangweiligste, was es gibt, das ist der blöde Winterschlaf. Da liegt man monatelang in der Erde und knackt und pennt und pooft und schnarcht und ratzt, und nichts passiert.

Dazu hab ich wenig Lust. Polly auch nicht.

Der Winterschlaf beginnt jedes Jahr immer pünktlich am Abend des 37. Schneevembers. Das ist echt traurig, so ein Winterschlaf. So traurig wie ein Blick ins Traurige Tal unter der M-Brücke. Aber was will man machen.

Polly kommt jeden Morgen um zehn Uhr dreizehn. Und bringt die Post. Das heißt, sie würde gern Post bringen, wenn es welche gäbe. Nur hat es bislang noch nie welche gegeben.

„Hallo, Polly!“

„Hallo, Billy!“

„Hast du Post?“

„Nö.“

„Schade.“

So geht das eigentlich jeden Tag.

„Das ist saulangweilig!“, sagt Polly immer.

Heute aber, am 37. Schneevember, war es ganz anders!

Polly kam schon um acht Uhr einundzwanzig angesaust. Und hatte etwas in der Hand, mit dem sie aufgeregt wedelte.

„Billy!“, rief sie atemlos. „Billy! Ein Brief!“

„Ein Brief?“, fragte ich. „Ehrlich? Für wen?“

„Für dich.“

„Für mich?“

„Ja doch!“

Ich ging mit dem Brief in mein Erdloch. Polly folgte mir. Unten kramte ich aus meinem Koffer-mit-Sachen-die-ich-noch-nie-gebraucht-habe einen Brieföffner. Ich öffnete den Brief. Wir sahen ihn uns gemeinsam an.

Es war eine Zeichnung. Ein Plan. Mit Wasserfarben gemalt!

„Das ist eine Karte“, sagte ich.

„Eine Schatzkarte!“, rief Polly. „Saugeheimnisvoll! Das hier ist der Dunkle Wald. Das da der Fliederfluss. Und das muss der Bunte Wald sein.“

„Und das hier?“, fragte ich.

Mitten im Bunten Wald war auf der Karte ein Kreuz eingezeichnet.

„Dort liegt der Schatz!“, rief Polly. „Los! Wir gehen hin.“

„Aber nicht ohne den Schrönk“, sagte ich.

Der Schrönk war sofort Feuer und Flacke. Wir brachen zu dritt auf in den Bunten Wald. Bald fanden wir die Stelle, die auf der Schatzkarte markiert war. Sofort buddelten wir wie wild. Der Schrönk half uns natürlich. Mit seinen langen Armen konnte er das ziemlich gut. Fast wie ein Bagger.

Wir hatten immer noch nicht herausgefunden, was genau ein Schrönk eigentlich ist. Er ist kugelrund, hat lange Arme und kann ganz schön viel. Man könnte ihn durchaus als Walle-Wacke-Flohzirkusdirektor-Riesenmurmel-Pferd-Trampolin-Schranken-Bagger bezeichnen. Bis jetzt. Aber er hat bestimmt noch mehr drauf. Da sind wir uns sicher!

Schon bald stießen wir auf etwas Hartes. Wir fegten die Erde zur Seite und fanden – eine Truhe! Wir hoben sie aus dem Loch. Die Truhe war mit einem dicken Schloss verriegelt. Also schleppten wir sie zurück zum Murmelhügel. In meinem Koffer-mit-Sachen-die-ich-noch-nie-gebraucht-habe fand ich einen Hammer und einen Meißel.

Ungeduldig sprengten wir das Schloss auf.

Und was war drin? Gold? Edelsteine? Juwelen? Nüsse? Schokolade? Pudding? Himbeereis? Murmeln? Oder ein Stachelschwein?

Mit klopfendem Herzen hoben wir den Deckel an.

Die Kiste war voller Briefe.

Polly traute ihren Augen nicht.

„Briefe!“, rief sie. „Briefe! Endlich Post!“

Sie wühlte sich durch den Stapel, warf die Briefe in die Luft und fing sie wieder auf. Überglücklich! Auch ich strahlte. Wenn eine Freundin oder ein Freund sich freut, dann ist das genau so, als würde man sich selber freuen.

Die Briefe waren an meine neununddreißig Freunde und Verwandten adressiert. Polly packte sie eifrig in ihren Postsack und rannte los. Den ganzen Tag lang war sie damit beschäftigt, die Post zu verteilen. Nachdem sie alle Briefe unter die Leute gebracht hatte, setzte sie sich neben mich vor mein Erdloch.

„Billy?“

„Ja?“

„Sauseltsam ist das!“

„Was?“

„Das war immer dieselbe Schrift“, sagte Polly. „Auf den Briefen. Ein anderer Absender, aber immer dieselbe Schrift. Ich würde zu gern wissen, wer die ganzen Briefe eigentlich geschrieben hat.“

„Keine Ahnung“, sagte ich.

„Das muss jemand gewesen sein, der mir eine Freude machen wollte.“

Wir saßen dort und schauten lange in den Abendhimmel.

Echt ’ne schöne Stimmung!

Und Polly ging es so richtig gut.

Was soll ich sagen? Bald wurden auch wir müde, Polly und ich. Das ist immer ein trauriger Moment. Wenn wir wissen, jetzt müssen wir winterschlafen.

Wir verabschiedeten uns von Horst-Dieter und vom Ampelmann und zuletzt auch vom Schrönk. Doch der Schrönk sagte: „Kommt nicht infrage! Ich mache natürlich mit beim Winterschlaf!"

„Aber du bist doch kein Murmeltier!", murmelte ich.

„Und auch kein Posthörnchen!", sagte Polly.

„Aber ein Schrönk!", sagte der Schrönk. „Und wer sagt, dass ein Schrönk keinen Winterschlaf halten darf?"

„Auch wieder wahr", sagte ich.

Für den Schrönk vergrößerten wir den Gang ein bisschen. Dann krochen wir voraus in den Winterschlafraum. Der Schrönk machte seinen Bierbauchkopf so dünn es ging und schlängelte sich hinter uns hinein. Zum Glück war unser Winterschlafraum irre riesig.

Da jetzt alle beisammen waren, hielt mein Bruder Willy seine berühmte Winterschlafrede. Die war so langweilig, dass einer nach dem anderen einschlief. Sogar mein Bruder selber. Mitten im Satz.

„Schau mal", sagte Polly nach einer Weile. „Die knacken schon alle."

Tatsächlich.

„Dann bleibt uns wohl nichts anderes übrig“, gähnte ich, „als auch zu pennen.“

„Gute Nacht, Billy!“

„Gute Nacht, Polly!“

„Gute Nacht, Schrönk!“

„Bis nächstes Frühjahr!“

Kurz bevor wir einschliefen, sagte Polly: „Sag mal, lieber Schrönk. Was ich dich noch fragen wollte …“

„Ja?“

„Hast *du* eigentlich all die Briefe geschrieben?“

Der Schrönk hustete. „Welche Briefe?“, fragte er.

„Die Briefe! In der Schatztruhe?“

„Ich …“

„Sag die Wahrheit.“

Der Schrönk wurde rot wie der Ampelmann. Er hatte nicht damit gerechnet, dass Polly ihn so direkt fragen würde.

„Na ja“, sagte er. „Vor ein paar Wochen. Nach unserer Rückkehr. Vom Alten Häuptling Stinkender Fuß. Du weißt doch. Ich war ein bisschen traurig, weil wir wieder nicht herausgefunden hatten, was genau ein Schrönk eigentlich ist. Und du warst auch traurig, Polly, weil es wieder keine Briefe gab. Da hab ich mir gedacht: Es reicht ja, wenn einer von uns traurig ist, oder?“

Polly schwieg.

Ich auch.

Da hatte der Schrönk also wochenlang Briefe geschrieben und in die Schatztruhe gelegt und die Schatztruhe verbuddelt! Im Bunten Wald! Und zum Schluss auch noch eine Schatzkarte gemalt und an mich adressiert. Ich hoffte, dass die anderen beiden die Träne nicht sahen, die mir da im Auge rumhing.

Und plötzlich, kurz bevor wir wirklich einschliefen, da hörte ich noch einmal Polly. Ich muss sagen, Leute, ihre Stimme zitterte ein bisschen, als sie sagte: „Ich glaube, ich weiß jetzt endlich ganz genau, was ein Schrönk ist."

„Und was?", fragte der Schrönk.

„Ein Schrönk", sagte Polly leise, „ist ein Freund. Ein sauguter Freund! Der beste Freund, den man sich vorstellen kann!"

„Yippi-ya-yeah", flüsterte ich.

Im letzten Dämmerlicht sah ich, wie der Schrönk über beide Bierbauchbacken strahlte.

Und dann schliefen wir ein.

Der Bauch vom Schrönk war weich wie ein Kissen.

Teil II

Billy Backe und die Wackelriesen

1

Eine Walle-Wacke-Riesen-Sauerei

Walle Wacke! Alte Hacke!

Der Winterschlaf ist vorbei! Schluss mit der Rumschnarcherei! Das Leben fängt neu an! Sonne, Wärme, Abenteuer!

Picke Packe! Zicke Zacke!

Jedes Jahr, wenn es Frühling wird, werden wir geweckt, und zwar vom Club der Wilden Glühwürmchen. Die frechen Viecher rufen: „Aufwachen, ihr Schnarchnasen! Frühling, Leute!"

Und wir? Wir kommen langsam zu uns.

Wir?! Also, das bin ich, Billy Backe, das berühmteste Murmeltier im endlos weiten Walle-Wacke-Land; meine neununddreißig Murmeltier-Freunde und -Verwandten; meine allerbeste Freundin, Polly Posthörnchen; und natürlich unser Schrönk.

Der Schrönk ist kugelrund und kuschelig, mit langen Armen und Beinen und einem Bierbauchkopf. Er hat uns im letzten Jahr aus so mancher Patsche geholfen. Da haben wir versucht herauszufinden, was genau ein Schrönk eigentlich ist. Nämlich ein Walle-Wacke-Flohzirkusdirektor-Riesenmur… – Na ja, ihr kennt das ja. Aber eigentlich ist ein Schrönk ein Freund. Und zwar der beste, den man sich vorstellen kann.

Nach jedem Winterschlaf machen wir einen Appell. Dann müssen alle Murmeltiere rüttel-di-küttel ihre Namen rufen und eine Zahl. Das geht dann so:

„Billy Backe – 1!“

„Harry Schlürf – 2!“

„Fritzi Beule – 3!“

„Viola Tolle – 4!“

„Matze Birne – 5!“

„Ekel Alfred – 6!“

„Berta Brummer – 7!“

„Kalle Popel – 8!“

„Peter Pätsch – 9!“

„Siggy Sabber – 10!“

Und so weiter.

In diesem Jahr kamen wir beim Appell allerdings nur bis Nummer achtundzwanzig. Wir sind aber exakt zweiundvierzig! Neununddreißig Freunde und Verwandte und ich = vierzig. Plus Polly Posthörnchen = einundvierzig. Plus Schrönk = zweiundvierzig!

Wo zur Hacke steckte unsere Nummer neunundzwanzig?

Wer war denn überhaupt Nummer neunundzwanzig? Das war … Hm, mal überlegen …

„Mucki!“, sagte mein Bruder Willy. „Mucki Bude!“

„Muckiiii“, riefen wir. „Mucki Bude! Wo steckst du?“

Aber Mucki Bude meldete sich nicht.

Er war nicht da. Seltsam.

Andererseits ... Um Mucki Bude mussten wir uns nun wirklich keine Sorgen machen. Wenn einer von uns auf sich aufpassen konnte, dann Mucki: das größte und stärkste von uns Murmeltieren. Jeden Tag stemmt er haufenweise Steine in die Höhe. Um seine Muckis zu trainieren. Und er kann kämpfen wie kein Zweiter, sag ich euch! Er nimmt es noch mit dem gefährlichsten Gegner auf.

Vor zwei Jahren, Leute ... Mannomacke, mir wird heute noch ganz schwindelig, wenn ich daran zurückdenke! Vor zwei Jahren hat Mucki nämlich sogar dem Uralten Adler eins auf den Schnabel gegeben.

Der Uralte Adler war damals unser größter Feind. Als er uns eines Tages auf dem Murmelhügel angriff, liefen wir in panischer Angst hin und her. Einer nach dem anderen schlüpften wir in unsere Erdlöcher. Tja, nur Mucki Bude nicht. Er hockte ganz ruhig dort.

Kein Zucken. Keine Regung. Gar nichts!

Da brauste der Uralte Adler im Sturzflug heran! Von unseren Löchern aus brüllten wir Mucki Bude zu: „In Deckung! Wackelwaddelwabatati!“

Das ist unser Murmeltierwarnruf für besonders große Gefahr. Aber Mucki beachtete uns nicht.

Als der Uralte Adler nur noch ein paar Meter von ihm entfernt war, drehte sich Mucki in einer fließenden Bewegung um, holte mit der Rechten aus und – *wapps!* – gab dem Adler einen Schwinger mitten auf die Nase! Das heißt: wenn ein Adler eine Nase hätte. Also jedenfalls mitten auf den Schnabel!

Der Uralte Adler taumelte und legte eine astreine Notlandung hin. Er rieb sich mit den Flügeln den Schnabel und musste ein paar Mal heftig niesen, so hart hatte Mucki Bude ihn getroffen.

„Jetzt verzieh dich!“, sagte Mucki cool. „Ist doch unfair. Du bist so groß! Und meine Murmeltierfreunde sind so klein. Die können sich nicht wehren, verstehst du? Aber ich, Uralter Adler, ich beschütze sie. Dafür trainiere ich jeden Tag. Und wenn du noch mal hierherkommst, dann lernst du auch meine Linke kennen, alles klar?“

Was soll ich sagen, Leute? Wir haben den Uralten Adler seitdem nie wieder gesehen.

Deshalb dachten wir jetzt: Um Mucki Bude müssen wir uns keine Sorgen machen. Der kann sich wehren. Der schlägt alle Gegner in die Flucht. Der weiß, wie man kämpft.

Aber dann, Freunde! Kaum hatten wir uns wieder beruhigt, hörten wir lautes Geschrei. Es kam vom Bunten Wald! War das etwa Horst-Dieter, der blaue Haselnussbaum? Unser rindendicker Freund?

Immer wieder hörten wir: „Hierher! Hierher!“

Wir waren mordsmäßig aufgeregt und liefen zum Bunten Wald – Polly, der Schrönk und ich.

„Was ist los?“, riefen wir schon von Weitem. „Was hast du, Horst-Dieter?! Warum schreist du denn so?“

„Mu-Mucki B-B-Bude!“, stotterte Horst-Dieter.

„Langsam, langsam“, sagte der Schrönk. „Erst mal durchatmen.“

„Er ... Er ist ... Man hat ihn entführt!“

„Was?!“, rief Polly. „Mucki? Entführt? Dazu ist der doch viel zu stark.“

„Das waren Riesen, zwei riesige Riesen!“, sagte Horst-Dieter. „Ich hab sie mit eigenen Augen gesehen, hier, hinter den bunten Büschen. Da haben sie ihm aufgelauert. So viel steht fest! Zugeschnappt, in einen Sack gepackt, über die Schulter geworfen. Weg war das Murmeltier!“

„Ja, aber ... Wann denn, wo denn, wie denn?“

„Na, gestern!“

„Aber gestern war doch noch Winterschlaf!“

„Mucki ist vor euch aufgewacht. Und zu mir gekommen. Er hatte einen Bärenhunger und bat mich um Haselnüsse. Dann hat er sich den Bauch vollgeschlagen. Anschließend wollte er zur Lausigen Lichtung, um Felsen zu stemmen. Da sind die Riesen aus den Büschen gestürmt und haben ihn gepackt!“

„Riesen?“, fragte ich. „Wie sahen die denn aus?“

„Finstere Gesellen“, antwortete Horst-Dieter. Seine Stimme zitterte. „Groß wie ein Baum, Muskeln wie Hügel, Beine wie Elefanten. Gelbe Augen, schiefe Zähne. Das Fell schmutzig und zottelig. Die stanken wie die Pest. Sie haben vor Freude wild gewiehert und mit den Köpfen gewackelt, als sie Mucki im Sack hatten.“

„Und wo sind die Riesen hin?"

„In diese Richtung!" Horst-Dieter zeigte mit einem Ast in den Bunten Wald.

Ich sprang wütend hoch und hin und her und auf und ab. Mucki Bude! Entführt! Von diesen fiesen, miesen Riesen!

So schnell ich konnte, lief ich los. Während ich rannte, dachte ich: Eine Idee, ich brauch eine Idee, eine Idee, ich brauch sofort eine Idee! Ihr wisst ja, wenn ich renne, kommen mir immer die tollsten Ideen. So auch jetzt.

Sofort lief ich zurück zu Polly und dem Schrönk. Die standen immer noch bei Horst-Dieter.

„Leute!", rief ich ihnen zu. „Ich hab eine Idee!"

„Schieß los", sagte Polly.

„Wir werden den Riesen folgen und Mucki Bude befreien!", verkündete ich stolz.

„Na ja", sagte der Schrönk. „Für die Idee hättest du nicht so zu rennen brauchen. Das war doch klar."

Ich starrte ihn an. Walle Wacke! Da hatte er irgendwie Recht.

„Und wann geht's los?", fragte Polly

„Sofort!", rief ich. „Als Erstes fragen wir die anderen Bäume, ob die was gesehen haben."

„Och, Mensch", sagte Horst-Dieter, „ich würde ja wirklich gern mal mitkommen! Zu so einem Abenteuer!"

„Nur Pech, dass du so tiefe Wurzeln hast, Horst-Dieter“, sagte der Schrönk.

„Also …“, sagte Horst-Dieter leise und räusperte sich. „Na ja, ich … ich wollte euch schon lange etwas erzählen …“

„Keine Zeit, Horst-Dieter! Wir haben’s eilig!“, sagte Polly. „Billy, Schrönk – los geht’s!“

„Wartet!“, rief Horst-Dieter noch.

Doch schon waren wir weg.

„Das wird kein Wackeldackel-Abenteuer“, rief ich meinen Freunden zu, „aber wir werden es schaffen! Wir sind mit den Igel-Indianern fertiggeworden! Wisst ihr noch? Und wir werden auch mit diesen Riesen fertigwerden. Wir werden Mucki Bude retten. So wahr ich Billy Backe heiße!“

Tja, und so ging sie los. Die Suche nach Mucki Bude.

Walle Wacke! Riesenmacke!

Alte Hacke! Billy Backe!

2

Der Kampf mit dem Schwarzen Löwen

Mucki Bude war entführt worden! Von zwei riesigen Riesen! Mir nichts, dir nichts, schwuppel-di-wuppel! Das konnten wir natürlich nicht einfach so geschehen lassen. Klar, dass wir Mucki befreien würden!

Polly Posthörnchen, der Schrönk und ich wollten sofort die Verfolgung aufnehmen. Wir fragten die Bäume im Bunten Wald, ob sie etwas gesehen hatten. Die Bäume zitterten. Also, ihre Blätter. Und das, obwohl es gar keinen Wind gab, Freunde!

„R-R-Riesige Wesen!“, stotterten sie. „Grau-en-voll.“

„Wo sind sie hin?“, fragte Polly.

„D-Diese Rich-Rich-Richtung!“

„Moment mal“, sagte der Schrönk. „Vielleicht sollten wir ein bisschen Proviant mitnehmen. Das wird vielleicht eine lange Reise.“

„Proviant? Gute Idee!“, rief ich. Die hätte auch von mir kommen können. Alte Hacke!

Wir liefen noch mal zurück zu unserem Freund Horst-Dieter,

dem blauen Haselnussbaum, und baten ihn um Haselnüsse aus seinem Haselnussvorrat.

„Nur unter einer Bedingung“, sagte Horst-Dieter.

„Und die wäre?“, fragte Polly.

„Ich komme mit!“

„Wie denn das?“, rief ich. „Du kannst doch gar nicht von der Stelle! Du bist ein Baum, Horst-Dieter.“

„Stimmt!“, rief Horst-Dieter. „Aber nicht nur! Passt mal auf!“

Plötzlich polterten aus dem obersten Astloch jede Menge Haselnüsse auf den Waldboden, und mitten zwischen den Haselnüssen kullerte noch etwas anderes heraus: ein merkwürdiges, schrumpeliges dunkelblaues Wesen. Etwa halb so groß wie Polly und ich. Bevor es mit den Nüssen auf den Boden fiel, fing der Schrönk es mit seinen langen Armen auf.

„Was ist das denn?“, rief er.

Das kleine Wesen sah aus wie eine Schildkröte. Nur ohne Panzer. „Keine Sorge, Freunde, ich bin's!“, sagte die panzerlose Schildkröte.

Diese Stimme! Die kannten wir doch! Das war die Stimme von … von Horst-Dieter!

Tatsächlich sagte die Schildkröte jetzt: „Ich bin's! Euer Horst-Dieter!“

„Horst-Dieter?“, rief ich. „Ja! Das ist wirklich Horst-Dieters Stimme.“

„Aber ich versteh das nicht!“, sagte Polly.

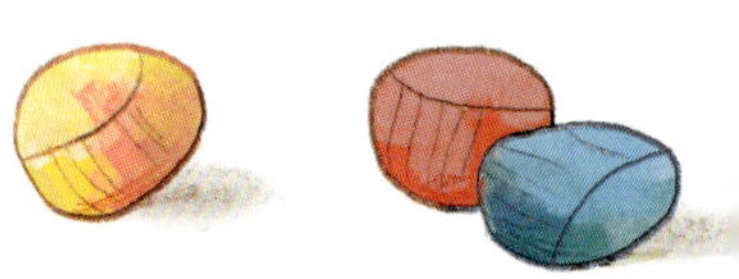

„Ganz einfach, ganz einfach", sagte Horst-Dieter. „Ich bin ein Arbus. So nennt sich das Herz und Hirn eines Baums. Jeder Baum hat einen Arbus. Deshalb können Bäume auch sprechen. Und ihre Äste bewegen. Der Arbus lenkt den Baum. Wir sind sozusagen eins, der Baum und sein Arbus. Und wir heißen beide Horst-Dieter. So viel steht fest! Eigentlich sind wir Arbusse sehr schüchtern. Normalerweise kommen wir nie aus den Astlöchern heraus. Ich hocke hier seit zweihundert Jahren. Aber langsam wird mir das einfach ein bisschen zu langweilig. Ihr erlebt immer so tolle Abenteuer! Jetzt will ich endlich auch mal was von der Welt sehen!"

„Horst-Dieter. Lass dich mal anschauen!", rief Polly.

„Wahnsinn", sagte ich. „Und du bist blau! Das ist ja dieselbe Farbe, mit der wir damals deine Rinde angemalt haben!"

„Zufall", antwortete Horst-Dieter.

„Aber du weißt, dass wir uns in große Gefahr begeben?", fragte der Schrönk. „Wenn wir den Riesen folgen?"

„Papperlapappel!", sagte Horst-Dieter. „Ich bin ja nicht allein. Ihr seid dabei! Packt mich einfach zu den Nüssen in einen Rucksack. Dann schau ich oben raus und lass mir ein bisschen frische Luft um die Nase wehen!"

Gesagt – getan! Getan – gewatscht!

Der Schrönk holte einen Rucksack mit Wasser und Schinken, stopfte die Haselnüsse rein und setzte Horst-Dieter obenauf. Der strahlte wie ein frisch geföhntes Murmeltierbaby.

Und schon ging's los! Zu viert: Polly, der Schrönk, Horst-Dieter und ich.

Einige Stunden lang folgten wir den Spuren der Riesen. Das war nicht allzu schwierig. Wir mussten uns einfach nur am Laub der Espen orientieren. Von denen gab es hier zum Glück ziemlich viele. Wo die Riesen vorbeigekommen waren, zitterte das Laub der Espen nämlich wie … na ja, wie Espenlaub eben.

Schließlich ließen wir den Bunten Wald hinter uns und gelangten zur Glatten Ebene. Das war jetzt trödelblöd! Denn hier gab es keine Espen mehr. Und auch sonst keine Bäume, die uns den Weg hätten zeigen können. Nur Steine. Und zwar sauglatte Steine. Da musste man aufpassen, dass man nicht ausrutschte. Deshalb hieß die Ebene ja Glatte Ebene.

So ein Walle-Wacke-Mist!

Leider war unser guter Cowboy-Freund Billy the Kid nicht bei uns. Den hatten wir seit dem letzten Jahr nicht mehr gesehen. Er war der weltbeste Spurenleser aller Zeiten. Und hätte uns bestimmt gut helfen können.

„Und jetzt?", fragte Polly.

„Zum Großen Strom", schlug der Schrönk vor. „Das ist der einzige Fluss in der Glatten Ebene. Und selbst Riesen müssen mal was trinken, oder?"

Klang logisch. Also auf zum Großen Strom! Etwa fünfzig Walle-Wacke-Meilen entfernt. Die Sonne brannte unerbittlich vom Himmel. Es war echt schweineheiß, Leute.

„Schaut mal!“, rief Polly nach einiger Zeit.

Wir blickten in die Richtung, in die sie zeigte. Ein Fluss war da nicht. Stattdessen sahen wir einen kleinen Hügel. Und den Eingang einer Höhle.

War das etwa die Behausung der Riesen, die Mucki Bude entführt hatten? Wir schlichen näher heran.

„Wir müssen da rein“, sagte ich. „Nachschauen!“

„Ich warte hier und halte die Stellung“, wisperte Polly.

„Ich auch“, brummte der Schrönk.

Horst-Dieter verkroch sich im Rucksack.

„Ihr feigen Wackeldackel!“, rief ich.

Doch da ertönte aus der Höhle ein fürchterliches Brüllen, tief und laut und löwenkehlig grauenvoll. Ich sprang dem Schrönk vor Schreck in die Arme. Vor unseren Augen erschien der Kopf des Schwarzen Löwen.

Auch das noch! Der berühmt-berüchtigte, ruchlos-verruchte Schwarze Löwe! Gefürchtet im ganzen Walle-Wacke-Land. Freunde, wir waren verloren! Wir hatten nicht den Wackelzahn einer Chance. Weglaufen? Unmöglich! Dazu war der Schwarze Löwe viel zu schnell. Kämpfen? Ausgeschlossen! Dazu war der Schwarze Löwe viel zu stark. Also, was tun?

„Hallo, mein Mittagessen!“, grölte der Löwe und trat näher. Wir sahen, wie ihm Speichel von den Lefzen tropfte. „Wie freundlich von euch, dass ihr mir direkt vors Maul spaziert. Mal sehen … Wen von euch verspeise ich zuerst? Ich glaube, den

dicken, runden Happen dort mit den langen Beinen und Armen! Der sieht lecker aus."

„Friss doch lieber mich zuerst, Schwarzer Löwe!", rief Polly. „Ich bin ein Posthörnchen! Ich schmecke bestimmt saulecker! Nach Briefmarkenkleber und so."

Wow! Polly war richtig mutig, das muss ich sagen!

„Uuuaaah! Briefmarkenkleber!“, rief der Schwarze Löwe.

„Oder vielleicht mich?“, rief ich. Ich hatte natürlich sofort begriffen, was Polly vorhatte. „Ich bin ein Murmeltier. Ich schmecke bestimmt nach der Farbe, mit der wir unsere Murmeln anmalen!“

„Igittigitt!“, rief der Schwarze Löwe.

„Oder vielleicht mich?“, rief Horst-Dieter und spähte aus dem Rucksack heraus.

„Da ist ja noch einer!“, sagte der Löwe.

„Ich bin ein Arbus“, sagte Horst-Dieter, „ich schmecke nach uralter Rinde. Lecker holzig. So viel steht fest!“

„Stopp!“, brüllte der Schwarze Löwe. „Ihr glaubt wohl, ihr könnt mich reinlegen? Ich weiß ganz genau, was ihr vorhabt. Ihr wollt mir den Appetit verderben! Aber ich fresse euch alle, ganz egal, wie ihr schmeckt.“

Das war jetzt leider keine so gute Wackel-Nachricht.

Doch in diesem Augenblick zückte der Schrönk die kleine Streichholzschachtel mit seinen unsichtbaren Flöhen. Als Flohzirkusdirektor hatte er die natürlich immer dabei. Sicher verstaut in seiner Backentasche.

Der Schrönk öffnete die Schachtel. Und rief seinen Flöhen zu: „Auf geht's! Macht ihn fertig, den Schwarzen Löwen! Stürzt euch auf ihn!“

Die Flöhe gegen den Löwen! In beiden Wörtern gibt es ein Ö,

und das Ö ist mein Lieblingsbuchstabe. Er sieht aus wie ein aufgerissenes Maul mit zwei Augen darüber.

Der Schwarze Löwe blieb unbeeindruckt. Er schüttelte sich und lachte grölend. „Was soll das werden?", rief er. „Flöhe? Die kann ich ja nicht mal sehen! Und die wollt ihr gegen mich kämpfen lassen? Wie –"

„Die Kleinsten gegen den Größten!", fiel ihm der Schrönk ins Wort.

Der Löwe lachte weiter. Doch ein paar Sekunden später blieb ihm das Lachen förmlich im Halse stecken. Jetzt sah sein Kopf aus wie ein Ö: ein aufgerissenes Maul mit zwei verdutzten Augen darüber.

Er brüllte: „Aua! Au! Autsch!"

Da hatten ihn wohl die ersten Flöhe gebissen. Der Schwarze Löwe sprang wild auf und ab und schlug sich mit den Pranken selber in die Seiten und auf den Bauch.

„Aufhören!", jaulte er. „Das kitzelt, das tut weh, das juckt! Was soll das? Das ist unfair, ich kann die Viecher ja gar nicht sehen, das sind viel zu viele. Aua! Das ist gemein, Leute, ruft die Flöhe zurück, bitte, bitte, ich komm mit meinen Pranken gar nicht an den Rücken!"

Doch der Schrönk ließ die Flöhe noch eine Weile zubeißen. Ab und zu glaubte ich auch ein paar leise Kampfrufe zu hören. Vielleicht stammten die von Wi-Hi-Ti-Pi-Ti, dem asiatischen Kampffloh. Der Alte Häuptling Stinkender Fuß hatte dem

Schrönk diesen wunderbaren Floh geschenkt. Und Wi-Hi-Ti-Pi-Ti konnte Kung-Fu. Während die anderen Flöhe den Löwen einfach nur bissen, teilte Wi-Hi-Ti-Pi-Ti bestimmt jede Menge fieser Kampfschläge aus.

Hakatuka! Razong! Hikitiki! Padeng! Tschak!

„Hilfe!", rief der Löwe erneut. „Bitte! Aufhören!"

„Nur wenn du uns in Ruhe lässt", sagte der Schrönk.

„Jaja, schon gut, ich lass euch in Ruhe, nur bitte, pfeif deine Flöhe zurück, und zwar alle, das ist ja nicht zum Aushalten."

Der Schrönk stieß einen Pfiff aus, und die Flöhe sprangen wohl zurück in die Schachtel, denn der Schwarze Löwe beruhigte sich wieder.

„Sauschwarzer Löwe!", rief Polly. „Gibst du auf?"

„Jaja", jammerte der Schwarze Löwe und leckte sich die fiesen Flohstiche.

Wir hatten es geschafft! Der Löwe war besiegt. Hurrakazucki! Als Nächstes würden wir uns die Riesen vorknöpfen! Aber sowas von. Wir werden mit jedem fertig. Selbst mit den größten Halunken im ganzen Walle-Wacke-Land!

Billy, Polly, Horst-Dieter und der Schrönk!

Walle Wacke! Zwicke Zwacke!

Alte Hacke! Billy Backe!

3

Am Piratenfluss

Tja, Leute, da hatten wir doch tatsächlich den Schwarzen Löwen besiegt! Aber wie wir jetzt weitermachen sollten, das wussten wir nicht.

„Hey, Löwe", sagte Polly. „Vielleicht kannst du uns helfen. Wir suchen unseren Freund. Mucki Bude heißt der. Ist entführt worden. Von riesigen Riesen. Hast du vielleicht irgendwas gesehen?"

„Ja", grummelte der Schwarze Löwe. „Die Riesen sind hier vorbeigekommen. Zwei Wackelriesen waren das!"

„Wackelriesen?", fragte Polly und sah mich an.

Wir hatten beide noch nie etwas von irgendwelchen Wackelriesen gehört.

„Die hatten auch ein Murmeltier dabei", sagte der Löwe. „Gefesselt und gefangen. Das sah fast genauso aus wie der da." Dabei zeigte er auf mich. „Nur mit mehr Muckis."

„Mucki Bude!", rief ich. „Das war er! Weißt du, wo sie ihn hingebracht haben?"

Der Schwarze Löwe grinste fies. „In den Unheimlich Unheimlichen Wald natürlich. Da hausen die Wackelriesen."

Tja, die Nachricht hätte durchaus besser sein können. Der Unheimlich Unheimliche Wald. Das klang wirklich unheimlich unheimlich. Aber leider war das noch nicht alles.

„Um in den Unheimlich Unheimlichen Wald zu kommen", fuhr der Schwarze Löwe fort, „müsst ihr zuerst den Großen Strom überqueren."

„Das kriegen wir schon hin", sagte Polly.

„Ach ja?", fragte der Löwe lauernd. „Ihr wisst, dass man den Großen Strom auch Piratenfluss nennt, oder?"

„Was? Piratenfluss?! Wieso denn Piratenfluss?", rief ich.

„Woher soll ich das wissen?", knurrte der Schwarze Löwe. „Wahrscheinlich weil dort finstere, gefährliche Piraten auf euch lauern! Harharhar!"

Das waren keine wallenden Aussichten: erst der Piratenfluss mit finsteren, gefährlichen Piraten, und dann der Unheimlich Unheimliche Wald, in dem die Wackelriesen lebten. Aber was will man machen! Wenn man unterwegs ist, muss man die Abenteuer nehmen, wie sie kommen.

„Nur Mut!", rief ich meinen Freunden zu, und wir brachen auf.

Nach etwa zwei Stunden gelangten wir an den Großen Strom. Schon komisch. Als wir noch gedacht hatten, der Große Strom hieße Großer Strom, waren wir ganz ruhig gewesen. Jetzt aber, nachdem der Schwarze Löwe uns verraten hatte, dass der Große Strom auch Piratenfluss genannt wurde, schlotterten uns ein wenig die Knie. Dabei fürchten wir ja weder Tod noch Trolle. Aber vor Piraten muss man sich gehörig in Acht nehmen.

Ganz vorsichtig näherten wir uns dem Fluss mit seinen wilden Stromschnellen. Leute, das war wahrlich ein mächtiger Strom! Wir hatten keine Ahnung, wie wir den überqueren sollten.

„Und jetzt?“, fragte Polly.

„Das hat der Schwarze Löwe nicht gesagt.“

„Also warten wir?“, sagte der Schrönk.

„Worauf?“, fragte Horst-Dieter.

„Dass die Piraten kommen.“

„Und dann?“

„Vielleicht müssen wir gegen sie kämpfen“, rief ich. „Ihr Schiff entern! Mit dem Schiff den Fluss überqueren!“

„Komischer Plan irgendwie“, sagte der Schrönk.

Kein Wunder. Ich war ja auch schon lange nicht mehr richtig gerannt, Leute. Aber so wie mir die Knie schlotterten, war das unmöglich.

Wir legten uns ans Ufer und zitterten und bibberten, denn wir wussten nicht, was uns erwartete. Wir stellten uns die Piraten vor: wilde Typen mit Säbeln und Pistolen, mit Augenklappen, Hakennasen und Holzbeinen. Auf einem Schiff mit jeder Menge Kanonen.

Alter Häuptling Rotzende Rübe!

Wäre Billy the Kid nur hiergewesen. Dann hätten wir uns wohler gefühlt.

Aber Leute, wenn ich inzwischen eins gelernt habe, dann das: Es kommt meistens anders, als man denkt! Man sollte sich also nicht schon vorher zu viel ins Hemd machen. Manchmal lösen sich die Probleme von allein.

Statt der wilden Piraten flog plötzlich ein kleines Insekt auf uns zu. Es war nicht größer als eine Grille. Das lag wahrscheinlich daran, dass es auch eine Grille war. Ein kleines Heimchen, um genau zu sein.

Das Heimchen blieb vor uns in der Luft schwirren und sagte: „Hallo, die Leut. Ihr wollt wohl heut. Über den Fluss. Dann guten Schuss."

„Wer bist denn du?", fragte ich.

„Ich bin ein Heimchen und heiße Reimchen."

„Okay. Und wo sind die Piraten?"

„Welche Piraten?", fragte Reimchen. Erschrocken sah sich das Heimchen nach allen Seiten um und vergaß ganz, die Frage mit einem Reim zu beenden.

„Na ja, es soll hier doch furchtbare Piraten geben", sagte ich.

„Wenn's euch nicht stört: nie von gehört", antwortete Reimchen.

Wir erzählten dem Heimchen Reimchen von unseren Abenteuern und davon, wie der Schwarze Löwe uns vor dem Piratenfluss gewarnt hatte.

Da kicherte das Heimchen zirpend und klärte uns endlich auf. Das Ganze war ein Missverständnis! Der Schwarze Löwe hatte zwar „Piraten“ gesagt, dabei aber eine Pause vergessen zwischen „Pi“ und „raten“. Es gab hier am Fluss überhaupt gar keine Piraten. Stattdessen musste man die Zahl Pi erraten, um über den Fluss zu gelangen. Und deshalb hieß der Fluss Pi-Raten-Fluss.

„Was ist denn die Zahl Pi überhaupt?“, fragte Polly.

„Und wie kann man Pi erraten?“, fragte ich.

Reimchen räusperte sich. „Pi, ihr Leut, ihr habt die Qual, Pi ist eine lange Zahl. Mit endlos Stellen hinterm Komma. Eh ihr sie nennt, ist’s wieder Sommer. Doch braucht ihr vierzehn nur zu kennen. Schon könnt ihr drüben weiterrennen.“

Im selben Augenblick wuchsen aus dem Fluss jede Menge Steinblöcke. In jeden einzelnen der Steinblöcke war eine Ziffer gehauen. Wir mussten also über die Steinblöcke auf die andere Seite hinüberhüpfen? Und durften dabei nur auf die Steine mit der richtigen Zahl treten? In der richtigen Reihenfolge?

„Und wenn wir das nicht schaffen?“, fragte Polly. „Was passiert dann?“

Reimchen reimte: „Die ersten paar verrat ich hier: Pi fängt an mit drei eins vier. Doch wehe wehe, nackte Zehe: Wenn ihr wählt den falschen Stein, plumpst ihr in den Fluss hinein.“

Und schon schwirrte die Grille davon.

„Verflixte Hacke!“, sagte ich.

„Saublöde Aufgabe!“, rief Polly.

„Woher sollen wir die Zahl Pi kennen?“, murmelte Horst-Dieter.

Nur der Schrönk schwieg. Langsam und genüsslich aß er ein Stück getrockneten Schinken.

Ich rannte am Ufer auf und ab. Aber weder fiel mir die Zahl Pi ein, weil ich sie ja gar nicht kannte, noch kam mir eine wirklich gute Idee, wie wir den Fluss sonst noch überqueren konnten. Was tun? Irgendwann ließ ich mich erschöpft neben meine Freunde auf den Boden fallen.

Bedröppelt saßen wir eine Weile so da. Dann stand der Schrönk auf. Er hatte zu Ende gegessen und strich sich über den Bierbauchmund.

„Also los!“, sagte er.

„Was? Warum? Wohin?“, riefen wir durcheinander.

„Über den Fluss natürlich“, sagte der Schrönk.

„Ja, und wie?“, fragte Polly. „Dazu müssen wir doch die Zahl Pi kennen!“

„Na, aber die kenn ich doch“, sagte er. „Ich hab ja schließlich Mathematik studiert. Das gehört zur Ausbildung.“

„Zu welcher Ausbildung?“

„Zur Ausbildung als Flohzirkusdirektor. Da muss man alles berechnen können. Die Flugbahn der Flöhe. Die Parabeln und Kurven, die sie machen. Geschwindigkeit, Masse, Sprungkraft. Hochkompliziert ist das. Aber wichtig. Damit sich kein Floh verletzt. Da läuft nichts ohne die Zahl Pi.“

Wir sahen den Schrönk verdutzt an und trauten unseren Ohren nicht. Der Schrönk wühlte in seinem Rucksack und zog zwei Zettel und einen Stift heraus. Er kritzelte die Papiere mit Ziffern voll.

„Hier“, sagte er und drückte Polly und mir jeweils einen Zettel in die Hand. „Die werdet ihr brauchen.“

Dann sprang er ohne zu zögern über die Steine auf die andere Seite. Dabei rief er: „3,14159265358979.“

Schon war er drüben. Wir jubelten. Dann folgten wir seinem Beispiel, den Zettel mit der richtigen Zahl in der Hand.

„Walle Wacke! Wahnsinn, Schrönk!“, rief Polly. „Du bist ja auch noch ein Mathematikgenie!“

Der Schrönk grunzte zufrieden.

„Ein Walle-Wacke-Flohzirkusdirektor-Riesenmurmel-Pferd-Trampolin-Schranken-Bagger-Mathematikgenie! Saustark.“

Jedenfalls, das war die Geschichte, wie wir den Pi-Raten-Fluss überquerten.

Walle Wacke! Zahl und Zacke!

Alte Hacke! Billy Backe!

4

Eine klebrige Falle

Billy Backe mein Name. Bin auf dem Weg zum Unheimlich Unheimlichen Wald. Um meinen Freund Mucki Bude aus den Klauen der Wackelriesen zu befreien! Bei mir: Polly, das schnellste Posthörnchen der Welt! Ferner Horst-Dieter, das Herz und Hirn eines Haselnussbaums. Und natürlich der Schrönk – der kann es mit jedem aufnehmen! Nur Billy the Kid fehlte. Der beste Spurenleser im ganzen Walle-Wacke-Land.

Nachdem wir den Bunten Wald hinter uns gelassen, die Glatte Ebene bezwungen und den Großen Strom überquert hatten, sahen wir am Horizont endlich den Unheimlich Unheimlichen Wald. Dort wohnten sie: die fiesen Wackelriesen.

Zwischen uns und dem Unheimlich Unheimlichen Wald lag jetzt nur noch eine merkwürdige … Ja, was war das? Eine Wüste? Sie schimmerte jedenfalls in allen Farben: rosa und blau und grün und weiß.

„Was ist denn das für eine komische Wüste?“, fragte Polly.

„Keine Ahnung“, flüsterte Horst-Dieter.

Wir gingen los. Je weiter wir kamen, desto öfter sahen wir kleine Blasen, die sich aus der Oberfläche blähten und knallend zerplatzten. Mit jedem Schritt wurde der Untergrund klebriger. An unseren Fußsohlen pappte eine zähe Masse, die ekelhafte Fäden zog, ganz so, als wären wir in walle-massenhaft Kaugummi getreten. Als wir die klebrige Pampe abstreifen wollten, blieb sie an unseren Pfoten hängen.

„Alter Häuptling Kotzender Knödel!", fluchte ich. „Wo sind wir hier?"

„Keine Ahnung", sagte Horst-Dieter erneut.

„Sag mal, Horst-Dieter, dafür, dass du zweihundert Jahre alt bist, weißt du reichlich wenig, oder?", fragte ich.

„Na ja!" Horst-Dieter schmollte. „Als Baum kommst du halt nicht so weit rum. So viel steht fest!"

Polly versuchte, sich das klebrige Zeug aus dem Fell zu popeln, und verteilte es dadurch nur noch mehr. „Sauerei!", rief sie.

Immer mehr Blasen ploppten neben uns auf und zerplatzten mit lautem Knall. Wir konnten uns kaum noch bewegen.

Da sagte der Schrönk plötzlich: „Schaut mal, da vorne!"

Gerade war wieder eine Blase zerplatzt. Wo sich eben noch die Blase gebläht hatte, hockte jetzt eine kleine gelbe Maus, die mächtig an etwas zu knabbern schien. Immer mehr Mäuse tauchten auf und starrten uns neugierig kauend an. Das war also tatsächlich Kaugummi! Alte Schlacke!

„Wer seid ihr?“, rief ich.

„Spuckmäuse“, sagte die Maus, die uns am nächsten hockte. Mit den Lippen formte sie eine rosarote Kaugummiblase, die schließlich mit einem *Peng!* zerplatzte. Die Maus schleckte sich den Kaugummi aus dem Gesicht und kaute weiter.

„Spukmäuse?“, fragte Horst-Dieter.

„Nein. Spuckmäuse.“

„Und warum heißt ihr so?“

„Wir müssen spucken. Den ganzen Tag!“

„Und warum tut ihr das?“, fragte der Schrönk.

„Die Wackelriesen zwingen uns dazu. Sie sind berühmt für ihre Kaugummiherstellung. Aber irgendjemand muss die ja auch essen! Also müssen wir den ganzen Tag für sie Kaugummis kauen und ausspucken. Deshalb nennt man uns Spuckmäuse.“

Inzwischen hockten schon mehr als hundert Mäuse um uns herum. Sie alle kauten eifrig und pusteten ihre Kaugummis auf. Vor den Mündern der Spuckmäuse blitzten und leuchteten die Kaugummiballons in denselben bunten Farben wie die gesamte Wüste. In einem Knallgewitter sondergleichen zerplatzten die Kaugummiblasen.

„Leider seid ihr hier in eine Falle getappt!“, rief eine Maus mit gelbem Kaugummi. „Eine Klebendfalle! Das tut uns echt leid. Wir können da nichts für. Wenn wir den Wackelriesen nicht gehorchen, wird es uns schlecht ergehen!“ Sie spuckte den Kaugummi aus und steckte sich einen neuen in den Mund.

„Also hängen wir hier fest wie in einem riesigen Spinnennetz?“, fragte ich.

„Nur ohne Spinne“, sagte der Schrönk.

„Genaueste Sahne!“, rief die Spuckmaus.

„Wir kauen den lieben langen Tag“, sangen die Spuckmäuse im Chor. „Wir kauen, wir spucken. Wir spauen, wir kucken. Wir sauen, wir pucken. Wir –“

„Schon gut, schon gut!“, sagte Polly. „Sagt uns lieber, wie wir hier wieder rauskommen.“

„Gar nicht. Wenn wir jemanden gefangen haben, müssen wir den Wackelriesen sofort Bescheid geben, und die holen euch.“

Alter Häuptling Kitzelnde Kröte!

Das war natürlich keine gute Nachricht!

„Ihr lieben Spuckmäuse!“, rief da der Schrönk. „Wartet noch einen Augenblick. Wir sind gekommen, um gegen die Wackelriesen zu kämpfen. Und wenn wir diesen Kampf gewinnen, werdet auch ihr frei sein!“

„Das wäre ein Traum!“, jubelten die Mäuse. „Wir haben die Schnauze voll davon, den lieben langen Tag die Schnauze voll zu haben! Voll Kaugummi! Wir wollen unsere vollen Schnauzen endlich leer machen!“ Sie spuckten die Kaugummis aus, ohne die Blasen zerplatzen zu lassen. „Nieder mit den Wackelriesen! Helft uns! Rettet uns! Befreit uns!“

„Dann müssen wir erst mal raus aus dieser Wüste“, sagte ich.

„Aus der Kaugummiwüste!", riefen die Mäuse.

„Hört mir zu", sagte der Schrönk. „Ich habe einen Plan. Ich weiß nicht, ob er klappt. Aber einen Versuch ist es wert."

Die Mäuse kamen näher, und der Schrönk erklärte uns allen, was er vorhatte. Die Spuckmäuse schauten ihn ungläubig an. Polly, Horst-Dieter und ich schauten ihn auch ungläubig an. Na klar, der Schrönk konnte viel. Aber das?! Wirklich?

Doch was blieb uns übrig? Wir mussten es versuchen. Ich selber hatte nicht die geringste Chance auf eine eigene Idee. Zumindest keine gute. Die besten Ideen kommen mir immer, wenn ich renne. Wisst ihr ja. Aber wie zur Trasse soll man in einer schleimklebrigzähverpappten Kaugummiwüste schon rennen? Das ging einfach nicht! Also mussten wir hoffen, dass der Plan vom Schrönk funktionierte.

Gesagt – getan. Los ging's!

Die Mäuse kletterten auf uns herum und befreiten uns vom Kaugummigeklebe. Das konnten sie echt gut, die Spuckmäuse.

Währenddessen erzählte uns die Spuckmaus mit den gelben Kaugummis alles, was sie über die Wackelriesen wusste.

Gleich das Erste, was wir erfuhren, war sahnepuddingtoll: Wackelriesen sind von Haus aus Vegetarier! Also Wesen, die kein Fleisch fressen. Nur Pflanzen. Kraut und Rüben und solchen Kram. Genau wie wir Murmeltiere. Also war Mucki Bude auf jeden Fall noch nicht von hungrigen Wackelriesen verspeist worden!

„Aber warum fangen die Wackelriesen denn dann überhaupt andere Wesen, wenn sie die nicht fressen? Was machen sie mit denen?“, fragte ich.

„Sie bringen sie zum Lachen! Durch Kitzeln!“

„Was?“, rief Polly.

„Wackelriesen sind im Grunde genommen die traurigsten, die einsamsten Wesen auf der Welt“, fuhr die Maus fort. „Sie sind so traurig, dass sie den lieben langen Tag weinen würden, wenn sie allein wären. Säßen sie in einer Wanne, würden sie in ihren eigenen Tränen ertrinken! Damit das nicht passiert, brauchen die Wackelriesen Aufheiterung. Sonst wäre ihr Leben ganz dunkel und trist. Also wollen sie, also *müssen* sie lachen. Und ihr wisst ja: Lachen ist ansteckend. Wenn der eine lacht, muss auch der andere lachen. Das ist der Grund, weshalb die Wackelriesen allerhand Wesen entführen. Die Riesen kitzeln ihre Gefangenen mit einer Feder. Und wenn die anfangen zu lachen, werden die Riesen vom Lachen angesteckt und müssen auch lachen. Sie sind dann nicht mehr traurig, und ihr Tag ist gerettet. So einfach ist das!“

„Na, das geht ja noch“, sagte ich. „Dann ist Mucki Bude ja gar nicht in Gefahr.“

„Denkt ihr!“, sagte die gelbe Maus. „Wackelriesen sind aber manchmal so traurig, dass sie ihre Gefangenen zu lange kitzeln. Und wer zu lange gekitzelt wird, der kann sich auch totlachen.“

Wackelwaddelwabatati! Also mussten wir uns doch beeilen!

In der Zwischenzeit hatten uns die Spuckmäuse vollständig vom Kaugummi befreit. Das Problem war: Wenn wir weiter zu Fuß durch die Wüste gingen, würden wir erneut kleben bleiben.

Jetzt kam es auf den Schrönk an. Auf seinen Plan. Und ob der klappte.

Polly und ich stiegen also auf den Rücken vom Schrönk. Horst-Dieter saß ja schon im Rucksack.

„Haltet euch gut fest!“, sagte der Schrönk. Dann ließ er seine langen Arme so schnell es ging durch die Luft wirbeln und kreisen. Wie Windmühlenflügel, wie Propeller, nein, wie Rotorblätter eines Helikopters. Was soll ich sagen, Leute, es fluppte ganz wunderbar!

Die Arme vom Schrönk kreiselten so schnell und blitzig, dass wir uns in die Lüfte erhoben, jedenfalls ein kleines bisschen, und der Schrönk flog langsam voran, nur wenige Zentimeter über dem klebrigen Boden der Kaugummiwüste.

Die Spuckmäuse staunten nicht schlecht.

Nach kurzem Flug ließen wir die Kaugummiwüste hinter uns und erreichten den Rand des Unheimlich Unheimlichen Walds. Der Schrönk landete. Er war ganz außer Atem vor Anstrengung. Wir stiegen ab.

„Gut gemacht!“, jubelten wir.

„Ich bin ein Hubschrauber!“, schnaufte der Schrönk. „Ich bin ein Hubschrauber!“

„Mensch, Schrönk!“, rief ich. „Wenn’s dich nicht gäbe, man müsste dich erfinden.“

„Jawoll“, sagte Polly. „Mit dir kann uns nichts passieren. Die sollen sich warm anziehen, diese Wackelriesen! Warm einpacken, warm einwackeln! Wir kommen!“

O ja, wir werden es diesen Wackelriesen schon zeigen. Darauf könnt ihr wetten, Leute!

Wulle Wucke! Mäusespucke!

Auf die Hucke! Bully Bucke!

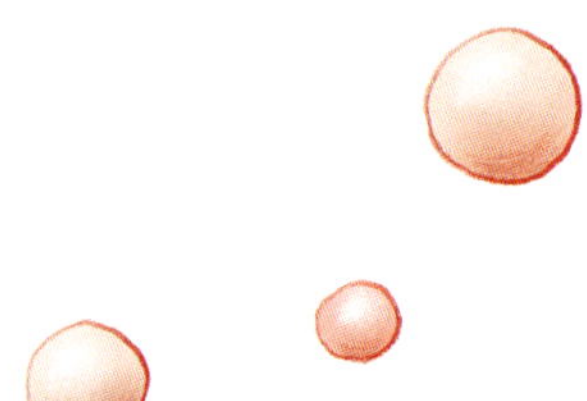

5

Im Unheimlich Unheimlichen Wald

Was für eine Geschichte, Leute! Auf der Suche nach unserem Freund Mucki Bude hatten Polly Posthörnchen, der Schrönk, Horst-Dieter und ich, Billy Backe höchstpersönlich, abenteuerliche Abenteuer erlebt und gefährliche Gefahren überstanden.

Jetzt waren wir endlich am Rand des Unheimlich Unheimlichen Walds angekommen. Dorthin hatten zwei Riesen Mucki Bude verschleppt. Und was soll ich sagen, ihr Wackelfritzen?! Der Wald war echt unheimlich unheimlich. Er war sogar so unheimlich unheimlich, dass wir zögerten. Wollten wir wirklich da rein?

Der Dunkle Wald im Walle-Wacke-Land war einfach nur stockfinster, hier aber, im Unheimlich Unheimlichen Wald, herrschte trübes Dämmerlicht. Das ließ unserer Fantasie ziemlich viel Spielraum. Viel zu viel! Funkelte dort ein Augenpaar zwischen den Zweigen? Griffen die Äste der Bäume mit zackigen Händen nach uns? Hatte es da gerade im Unterholz geraschelt?

Doch uns blieb keine Wahl: Wir mussten die Angst besiegen, wenn wir unseren Freund Mucki Bude aus den Klauen der Wackelriesen befreien wollten. Die wohnten nun mal in diesem furchtbaren Wald. Kann man nix machen!

„Los jetzt“, sagte Polly. „Wir müssen weiter. Hoffentlich hat sich Mucki Bude noch nicht totgelacht.“

Wackelriesen sind nämlich die traurigsten Kerle der Welt. Deshalb fangen sie andere Wesen und bringen sie zum Lachen. Durch Kitzeln. Weil Lachen ansteckend ist, lachen dann auch die Riesen und sind nicht mehr so traurig. Aber manchmal kitzeln sie so stark, dass sich der Gefangene totlacht.

Alte Hacke! Nichts wie los!

Wir traten ins Schummerlicht des Waldes. Es war schön und beruhigend, dass Horst-Dieter ein bisschen vor sich hin pfiff. So waren wir abgelenkt von den Geräuschen und Schatten, die uns umgaben.

Nachdem wir eine Zeit lang durch den Wald gepirscht waren, wurden wir ein bisschen müde und achteten nicht mehr so genau auf die Umgebung. Plötzlich gab der Boden unter unseren Füßen nach, und wir schlitterten ritze-di-fitze in die Tiefe.

„Aaaaaaaaaaaaaaaah!“, schrien wir.

Wir prallten hart auf dem Boden eines Lochs auf und rieben uns die Glieder. Das würde bestimmt blaue Flecken geben. Wir schauten nach oben. Der Rand des Lochs lag verflixt hoch über unseren Köpfen. Außerdem: Das war kein Loch, in dem wir hockten, sondern ein Trichter.

„Alter Häuptling Kack-in-die-Luft!“, fluchte ich.

„Kuck-in-die-Luft!“, verbesserte Polly.

„Ein Trichterloch“, stellte der Schrönk fest.

„Das ist bestimmt auch eine Falle dieser saumiesen Wackelriesen!“, schimpfte Polly.

„So viel steht fest!“, sagte Horst-Dieter.

Wir versuchten, die Wände des Trichters hochzuklettern, aber die waren glatter und rutschiger als eine Eispiste im Winter! Na ja. Hab ich mir jedenfalls sagen lassen. Ich hab noch nie Eis und Schnee gesehen. Leider, leider. Denkt an den Winterschlaf! Den machen wir ja immer, wenn's draußen zu kalt wird.

Olle Schlacke! Puppenfluch und Pustekuchen!

Was sollten wir jetzt bloß tun, Leute?

Wir blickten zum Schrönk.

„Schrönk!“, rief Polly. „Du bist doch ein Walle-Wacke-Flohzirkusdirektor-Riesenmurmel-Pferd-Trampolin-Schranken-Bagger-Mathematikgenie-Hubschrauber! Kannst du uns nicht hier rausfliegen?“

Der Schrönk gab alles. Er wollte seine Arme wieder wirbeln und kreiseln lassen und sich wie ein Hubschrauber in die Luft heben, aber der untere Teil des Trichters lief so spitz und eng zu, dass dafür einfach kein Platz war.

Dann rammte der Schrönk seine Hände wie Schaufeln in die Wand des Trichters, und es gelang ihm tatsächlich, etwas Dreck auszuheben. Aber wohin damit? Auch dieser Plan ging schief.

„Lasst mich mal machen!", sagte Horst-Dieter plötzlich und krabbelte aus dem Rucksack vom Schrönk.

„Du, Horst-Dieter?"

„Ich bin ein Arbus, schon vergessen?"

„Ja, und?"

„Ihr wisst ja: In jedem Baum hockt ein Arbus. Allerdings sind die meisten Bäume natürlich nicht so hohl, wie ihr denkt. Wir Arbusse müssen uns also erst mal durch den Baumstamm knabbern, um uns dort einzunisten. So viel steht fest! Deshalb sind Arbusse die weltbesten Knabberer, Gräber und Aushöhler. Passt mal auf!"

Mit einem schrillen Pfiff und einem kräftigen Kampfruf sprang Horst-Dieter von der Schulter des Schrönk direkt in Richtung Trichterwand und tauchte, die Vorderpfoten voraus, in den Dreck. Wir hörten ein sirrendes Geräusch und schauten Horst-Dieter hinterher. Nach ein paar Sekunden war er in einem kleinen, selbst gebuddelten Gang verschwunden.

Kurz darauf hörten wir seine Stimme: „Hier bin ich!"

Wir schauten nach oben.

Tatsächlich: Da stand Horst-Dieter!

Oben! Am Rand des Trichters!

„So schnell?", rief ich.

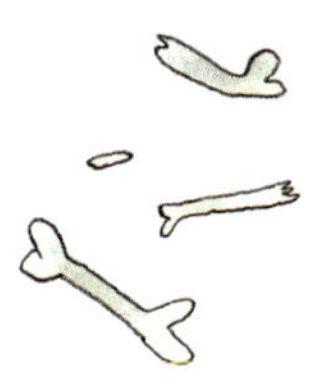

„Ich hab doch gesagt, wir sind die weltbesten Aushöhler!", rief er. „Worauf wartet ihr noch?"

Wir schlüpften ins Loch, das Horst-Dieter gegraben hatte. Zuerst Polly. Dann ich. Der Gang war gerade groß genug für jeden von uns und führte schnurstracks hinauf. Nach einigem Gekrieche und Gerobbe und Gequetsche standen wir am Rand des Trichters, neben Horst-Dieter. Frei. Gerettet.

Wir jubelten.

Aber nicht lange.

„Schrönk!", rief Polly.

Wir blickten in die Falle. Da hockte er noch, unser Schrönk.

„Worauf wartest du?", rief Polly. „Du kannst dich doch dünn machen! Schlängel dich durchs Loch!"

„Hab's versucht", sagte der Schrönk. „Aber so dünn kann ich mich auch wieder nicht machen."

„Horst-Dieter!", rief ich.

Doch leider: Sosehr sich Horst-Dieter auch bemühte, er konnte den Gang für den Schrönk nicht vergrößern. Die Erde war einfach viel zu lose und zu locker. Der enge Tunnel stürzte jedes Mal ein, wenn Horst-Dieter ihn verbreitern wollte.

„Tut mir leid", murmelte er und kroch erschöpft hinaus.

„Ein Seil!", rief ich. „Wir brauchen ein Seil. Oder einen Stock! Eine Liane! Irgendwas! Wir holen dich da raus, Schrönk."

„Jeder von uns sucht in einer anderen Richtung!", sagte Polly.

„Ich bleibe hier", sagte Horst-Dieter. „Ich bin zu langsam."

„Ich lauf nach Osten!“, rief ich.

„Äh … Wo liegt denn Osten?“, fragte Polly.

„Keine Ahnung“, sagte ich. „Ich meinte, ich lauf da lang.“

„Okay. Dann lauf ich dort lang!“

„Dann ist das Westen?“

„Kann sein.“

„Nun macht schon“, drängte Horst-Dieter.

„Okay“, sagte ich. „Dann los!“

„Du zuerst!“, rief Polly.

„Nein, du!“, sagte ich.

Wir zögerten.

„Oder wollen wir nicht doch lieber zusammen laufen?“, fragte ich leise.

„Vier Augen sehen mehr als zwei!“, rief Polly erleichtert.

Auf die Wacke, Zacke, Hack!

Wir stürzten zusammen los. Es war so dämmrig, so schummrig hier im Unheimlich Unheimlichen Wald, da war es schön, nicht allein zu sein. Wir hielten uns an den Pfoten, Polly und ich. Damit wir einander nicht verloren.

So oft hatte der Schrönk uns schon geholfen. Jetzt waren wir endlich mal dran, ihn zu retten!

Und was soll ich sagen, Freunde? Wenn man sich etwas ganz doll wünscht, geht es manchmal in Erfüllung. Polly und ich liefen nur fünf Schritte – und prallten zurück. Denn: Vor uns, mitten auf dem Weg, stand ein rosa Zwergpferd. Und auf dem Zwergpferd saß ein Reiter mit Cowboyhut.

Könnt ihr euch unseren Jubel vorstellen? Dieser Reiter war niemand anderes als unser lieber Cowboy-Freund Billy the Kid! Persönlich!

Letztes Jahr hatte Billy the Kid Polly vor dem Ertrinken gerettet, und wir hatten ihm im Gegenzug geholfen, die Igel-Indianer zu besiegen. Später hatte er mir das Leben gerettet, als ich beinahe in die Schlucht der Scharfen Zähne gestürzt wäre. Mitten in die Mäuler der Klapperkrokodile.

„Billy!", rief ich.

„Billy!", rief Billy ebenfalls. „Polly!" Und er strahlte.

„Mensch, Billy the Kid! Was machst du denn hier?"

„Ich bin euch gefolgt! Ich wollte euch besuchen. Auf dem Murmelhügel. Aber ihr wart nicht da. Deine Freunde und Verwandten haben mir gesagt, dass ihr losgezogen seid, um Mucki Bude aus den Klauen von Riesen zu befreien. Da hab ich mich gleich auf den Weg gemacht, um euch zu helfen! Immer hinter euch her! Ich bin doch der weltbeste Spurenleser, schon vergessen?"

Wir erklärten Billy the Kid, dass wir unbedingt ein Seil bräuchten, um dem Schrönk aus der Patsche zu helfen.

„Na, dann komme ich ja wie gerufen“, sagte Billy, stieg ab und nahm sein Lasso vom Sattel.

Wir liefen die paar Schritte zurück zur Trichterfalle. Billy nahm das Lasso, band das eine Ende am Sattelknauf seines rosa Zwergpferds namens Rosa fest und ließ das andere Ende ins Loch gleiten.

Der Schrönk klammerte sich ans Seil, und Polly, Billy the Kid, Rosa und ich zogen ihn mit vereinten Kräften heraus. Selbst Horst-Dieter versuchte zu helfen. Allerdings baumelte er eher nutzlos am Lasso herum. Na ja. Er hat’s ja gut gemeint.

Eins muss ich sagen: Der Schrönk ist echt ein dicker Brocken. Schwer wie ein Schrank, so ein Schrönk. Als er oben war, umarmten wir uns alle und jubelten, der Schrönk, der Schrönk, er war gerettet!

Billy Backe und Polly Posthörnchen!

Horst-Dieter und der Schrönk!

Billy the Kid und Zwergpferd Rosa!

Allesamt wackelpuddingwarm vereint!

Wer sollte sich uns jetzt noch in den Weg stellen?

Walle Wacke! Knickeknacke!

Alte Hacke! Billy Backe!

6

Ein Walle-Wacke-Riesen-Spaß

Mensch, was für eine Feierlaune! Da sind wir im Unheimlich Unheimlichen Wald unterwegs, und wen treffen wir? Unseren alten Kumpel Billy the Kid! Kaum zu glauben, Leute! Doch zum Jubeln war es noch zu früh.

„Mucki Bude ist immer noch in den Händen der Wackelriesen“, sagte der Schrönk, nachdem wir ihn aus der Trichterfalle gezogen hatten. „Und wir haben keine Ahnung, wie wir ihn befreien können.“

„Doch!“, rief ich. „Ich hatte die fantastischste Idee meines Lebens! Vorhin. Als wir gerannt sind.“

„Das waren doch nur fünf Schritte!“, sagte Polly ungläubig.

„Egal“, antwortete ich. „Es kommt nicht darauf an, wie lange ich renne, sondern wie schnell!“

Meine Idee ging so:

Was konnten wir Zwerge schon gegen die Wackelriesen ausrichten? Nichts. Also hatten wir nur eine einzige Chance: Es mussten sich möglichst viele Zwerge verbünden. Gegen die Riesen. Genau wie die Flöhe vom Schrönk, die für uns den Schwarzen Löwen besiegt hatten.

Da war mir plötzlich eingefallen, was Horst-Dieter gesagt hatte: In jedem Baum hockte ein Arbus. Auch Horst-Dieter war ein Arbus. Das Hirn und das Herz eines Baums. Um genau zu sein: das Hirnharzherz. Arbusse sind zwar nicht sehr groß und sehen aus wie Schildkröten ohne Panzer. Aber wir standen in einem Wald! Wie viel Bäume gab es hier? Millionen! Milliarden! Was, wenn es uns gelänge, uns mit den Arbussen zu verbünden? Und alle Arbusse aus ihren Bäumen zu locken? Stellt euch diese Armee von Arbussen vor, Freunde! Wir mussten es versuchen!

Uns blieben noch zwei Stunden bis zum Sonnenuntergang. Dann würden die Wackelriesen aufwachen. Tagsüber schliefen die nämlich. Wie die meisten Fieslinge.

Horst-Dieter schritt sofort zur Tat. Er leistete ganze Arbeit. In kürzester Zeit brachte er sämtliche Arbusse auf unsere Seite. Wie ein Lauffeuer verbreitete sich die Nachricht durch den Unheimlich Unheimlichen Wald: Die Arbusse sollten gemeinsam gegen die Wackelriesen kämpfen, die den Bäumen jeden Tag acht- und sorglos die Äste zerknickten!

In der Zwitscherzeit hatte der weltbeste Spurenleser Billy the Kid die Hütte der Wackelriesen gefunden. Er führte uns hin. Als wir sie sahen, wurde uns ein wenig mulmig. Denn die Hütte nannte sich zwar Hütte, war aber riesig.

Wackelwaddelwabatati!

Jetzt war das so: An einer Wand der Hütte, also draußen, hingen fünf Käfige. In den Käfigen steckten sieben Gefangene. Es waren die unterschiedlichsten Wesen aus dem Walle-Wacke-Land: eine Spitzbartschrecke, ein Luftikus, eine Blindschleiche, eine Taubschleiche, eine Stummschleiche und ein Igel-Indianer ohne Pfeile. Letzterer schaute besonders traurig drein.

Und dann sahen wir auch unseren Mucki Bude!

Hurra!

Wir waren kurz vor dem Ziel!

Die Riesen in der Hütte wachten jetzt langsam auf. Wir hörten, wie sie sich die Zähne putzten und gurgelten und ausspuckten, wie sie sich wuschen und ein Liedchen trällerten.

„Hilf mir, mich anzuziehen“, hörten wir den einen Riesen.

„Du bist alt genug“, sagte der andere. „Das schaffst du allein!“

„Ich will aber nicht!“

„Musst du aber!“

„Nein!“

„Doch!“

Und etwas später:

„Ich mag keinen Reis. Ich will Nudeln!“

„Gibt es nicht!“

„Ich will aber!“

„Nein!“

„Doch!“

„Ruhe jetzt! Es wird gegessen, was auf den Boden kommt!“

So ging das eine ganze Weile weiter. Polly und ich schauten uns an. Das war ja der reinste Kindergarten hier!

Schließlich wurde die Tür aufgestoßen. Einer der Riesen trat nach draußen und streckte und reckte sich.

„Aaaah!“, rief er.

Der Riese war wirklich groß. Sehr groß. Ungefähr zehnmal so groß wie der Schrönk. Der Kopf des Riesen wackelte. Die ganze Zeit über. Hin und her und her und hin.

Deshalb hießen die Riesen also Wackelriesen!

Der Wackelriese trat zu den Käfigen. Er zog eine große Feder aus der Hosentasche und kitzelte den erstbesten der sieben Gefangenen. Es war der Igel-Indianer.

„Nein! Bitte nicht!“, rief der Indianer verzweifelt.

Schon fing er an zu lachen, er musste einfach lachen, er konnte sich ja nicht verkriechen in seinem Käfig! Er musste sich kitzeln lassen, und er lachte so lange, bis auch der dicke Wackelriese lachte.

Walle-Wupp!

Wir hatten genug gesehen.

Die Zeit zu handeln war gekommen.

Wir gaben den Arbussen ein Zeichen. Hinter uns bogen sich die Bäume zu einer großen Schneise. Und da kamen sie: siebenhundertzweiunddreißig Milliarden sechshundertneunundvierzig Millionen dreihunderteinundsiebzig Tausend achthundertvierzehn Arbusse! Mindestens! Aufeinandergestapelt. Übereinandergetürmt. Durcheinandergewürfelt.

Alle zusammen bildeten sie die Form einer riesigen Urzeitechse! Um einiges größer und mächtiger als die Wackelriesen. Ein gigantischer, furchterregender blauer Dinosaurier. So sah das aus.

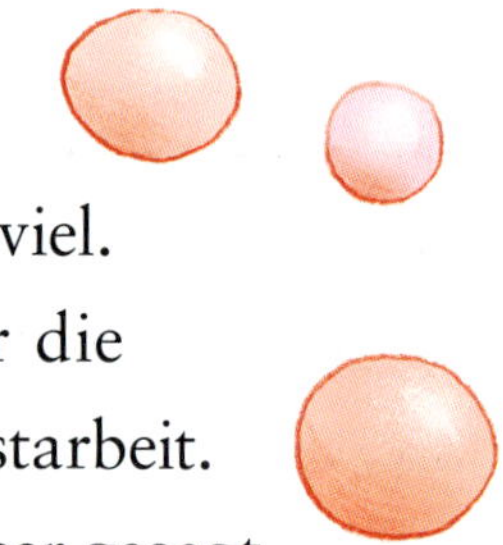

Die Arbusse hatten kräftig geübt für ihren Auftritt. Glücklicherweise wiegen Arbusse nicht viel. Im Grunde sind sie federleicht. Trotzdem: Für die Arbusse, die ganz unten gingen, war das Schwerstarbeit. Sie hatten knallrote Köpfe vor Anstrengung, besser gesagt knallviolette, denn Blau und Rot ergibt Violett. Wisst ihr bestimmt.

Und die beiden Wackelriesen?

Die sahen das Ungetüm, erschraken zu Tode, drehten sich um und suchten panisch das Weite. Aber verflixte Hacke! In ihrer Angst stolperte der eine Riese über den anderen, und beide fielen hin. Das war echt knödelblöd. Denn wären die Wackelriesen weggerannt, wäre unser Plan aufgegangen. Jetzt aber lagen sie dort. Und genau in diesem Augenblick musste plötzlich ein Arbus niesen. Einfach so.

Leider war das einer der Arbusse, die sich ganz unten befanden. Als er nieste, flutschte er prompt aus der Reihe. Sofort wackelte unser falscher Urzeitdino bedenklich, und dann – leider, leider, Freunde! – krachte er mit großem Tätärätä in sich zusammen.

Die Arbusse purzelten wild durcheinander und übereinander und untereinander und nebeneinander und auseinander.

Die Wackelriesen sahen das Geplumpse. Sie durchschauten unseren Trick, blickten sich an – und fingen sofort an zu lachen. Aber das war kein gewöhnliches Lachen, das war ein wieherndes Lachen, ein grölendes Lachen, ein krachendes Lachen, das den Riesen die Lachtränen nur so in die Augen trieb.

Immer wieder deuteten sie auf die heruntergepurzelten Arbusse und hörten einfach nicht mehr auf zu lachen. Glücklicherweise, muss man sagen. Für uns. Denn wir nutzten die Gelegenheit: Die Arbusse verkrochen sich in ihren Astlöchern. Und auch wir suchten das Weite.

Leute, Leute! Die Stimmung war echt bescheiden. Wir hatten es nicht geschafft, Mucki Bude und die anderen Gefangenen zu befreien. Wir saßen am Rand des Waldes, entzündeten ein Feuer und starrten in die Flammen.

So eine gute Idee und dann so ein Missgeschick.

Aber! Freunde der Sonne! Wenn man glaubt, alles ist verloren! Ha! Wenn man denkt, man kann nichts mehr machen! Ha! Wenn man traurig ist und am Ende seiner Kräfte! Ha! Dann – ja, dann kommt manchmal doch noch eine unerwartete Lösung.

In unserem Fall war das so: Mucki Bude tauchte ganz plötzlich neben uns auf. Wie aus dem Nichts.

„Mucki!“, riefen wir. „Wo kommst du denn her?!“

Mucki strahlte.

Die Sache war die: Die Show der Arbusse hatte den Wackelriesen so gut gefallen, dass sie mehr davon wollten. Noch nie hatte sie irgendjemand dermaßen zum Lachen gebracht, dass ihnen Tränen in die Augen geschossen waren. Bislang hatten sie immer nur über traurige Dinge geweint. Jetzt zum ersten Mal über etwas Lustiges: eine Wandlung der Wein-Tränen in Lach-Tränen. Deshalb hatten die Riesen unseren Kumpel Mucki mit einem Friedensangebot zu uns geschickt: Wenn die Arbusse ab und zu für die Wackelriesen umherpurzeln würden, dann würden die Wackelriesen damit aufhören, andere Wesen gefangen zu nehmen und zu kitzeln.

So einfach war das!

Tja, Freunde, was soll ich sagen? Seither lachen sich die Wackelriesen jede Woche über die Samstag-Abend-Show der Arbusse kaputt. Die Arbusse sind froh, dass sie einmal in der Woche rauskommen aus ihren Bäumen. Und die Spuckmäuse müssen keine Kaugummis mehr kauen und spucken.

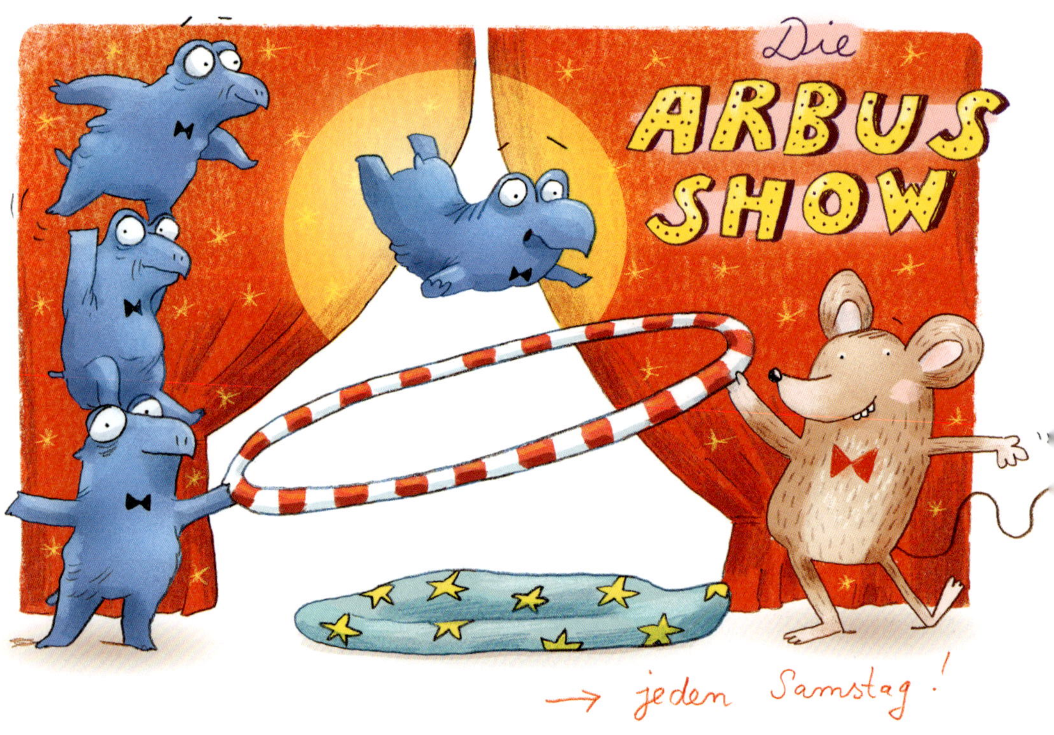

Der Weg zurück zum Murmelhügel war dann ein Klacks. Schließlich wussten wir jetzt genau, worauf wir achten mussten.

Endlich war Mucki Bude wieder zu Hause!

Um uns von den Abenteuern zu erholen, mussten wir erst mal etwas absolut Harmloses tun. Wir spielten ausgiebig mit unseren Murmelbahnen. Und erfanden jede Menge neuer Murmelspiele. Zum Beispiel das Murmel-Türmen. Ganz schön knifflig! Weil die Murmeln beim Türmen immer wieder runterpurzelten. Aber das erinnerte uns an die Arbusse, und wir mussten lachen.

Auch Billy the Kid blieb noch eine ganze Weile bei uns. Es gefiel ihm, sich von seinen Ritten durchs Walle-Wacke-Land mal ein bisschen zu erholen.

Polly fragte ihn: „Sag mal, Billy the Kid, du bist uns doch gefolgt. Wie hast du's eigentlich am Schwarzen Löwen vorbeigeschafft?"

„Was für ein Schwarzer Löwe?", fragte Billy the Kid. „Da war nur eine Höhle, aus der kamen komische Rufe: ‚Oh, das juckt, oh, wie das juckt! Aua! Autsch! Zerhackt und zugenäht. Das juckt!'"

„Und wie hast du den Pi-Raten-Fluss überquert?", fragte ich. „Hast du die Zahl Pi erraten?"

„Was? Nö, nö. Ich habe einfach die Brücke zwei Meilen nördlich genommen."

„Sauerei!", rief Polly. „Warum hat Reimchen uns nichts davon erzählt?"

„Und die Kaugummiwüste?“, fragte der Schrönk. „Bist du nicht kleben geblieben?“

Billy tätschelte den Hals seines Zwergpferds. „Rosa läuft so schnell, die bleibt nirgends kleben. Ihre Füße berühren kaum den Boden, wenn sie galoppiert.“

Ganz schön abgefahren, oder, Leute?

Jedenfalls, so haben wir Mucki Bude also endlich von den Wackelriesen befreit. Eigentlich ist die Geschichte hier zu Ende, wenn da nicht der blöde Winterschlaf wäre!

Klicke Klacke! Ticke Tacke!

Alte Hacke! Billy Backe!

7

Zur Hacke mit dem Winterschlaf!

Hallo, Freunde! Backe mein Name. Billy Backe. Mit der Lizenz für Ideen. Gemeinsam mit meiner Freundin Polly Posthörnchen und unserem Schrönk habe ich in letzter Zeit unglaublich viele Abenteuer erlebt. Horst-Dieter war auch dabei. Das Herz und Hirn eines blauen Haselnussbaums.

Nach den ganzen Strapazen mussten wir erst mal ein bisschen ausspannen. Einfach mal nix tun. Den ganzen Tag faulenzen. Und zwischendurch eine Partie Murmel-Pupsen. Herrlich!

Doch während die Tage zu Wochen und die Wochen zu Monaten wurden, rückte der Schneevember immer näher. Und ihr wisst ja, was im Schneevember auf uns zukommt: das Langweiligste, wirklich, das Allerlangweiligste, was es überhaupt gibt! Der blöde Winterschlaf.

Da liegt man monatelang in der Erde und knackt und pennt und pooft und schnarcht und ratzt, und nichts passiert. Dazu hab ich wenig Lust. Polly auch nicht. Wir versuchen immer, meine Freunde und Verwandten am Winterschlaf zu hindern.

Das fängt schon an im Spätherbst. Da werden meine neununddreißig Murmeltier-Freunde und -Verwandten mit einem Mal schweinelangsam. Alles was sie tun, tun sie wie in Zeitlupe.

Dann weiß ich: Jetzt muss ich loslegen! Ich renne den Murmelhügel auf und ab und ab und auf und überlege, wie ich dem Winterschlaf einen Strich durch die Rechnung machen kann.

Die besten Ideen kommen mir immer beim Rennen.

Wisst ihr ja.

In diesem Jahr fiel mir aber nichts ein, weil ich nach all den Abenteuern auf der Suche nach Mucki Bude leider auch schon sehr müde war und viel zu langsam rannte. Deshalb bat ich Polly um Hilfe. Auch Polly hat oft krasse Ideen. Ohne dass sie dafür rennen muss. Ein bisschen gemein ist das schon.

Und was soll ich sagen? Es klappte!

Pollys erste Idee: Wir überbrachten jedem meiner neununddreißig Freunde und Verwandten eine Nachricht. Hacki sagten wir: „Pia Plörre will sich mit dir am Haselnussbaum treffen." Pia Plörre aber sagten wir: „Glubschi Glibber will sich mit dir am Fliederfluss treffen." Glubschi sagten wir: „Mucki Bude will sich mit dir am Dunklen Wald treffen." Mucki hingegen sagten wir: „Ekel Alfred will sich mit dir am Seichten Teich treffen." Und so weiter.

Das war ein heilloses Durcheinander, Leute! Alle liefen zu irgendwelchen Treffpunkten, wo sie aber immer jemand anderen trafen, nur nicht den, den sie treffen sollten. Und jeder schickte den anderen wieder weiter. Zum nächsten Treffpunkt. Das war echt lustig!

Am Schluss krochen alle vollkommen erschöpft zurück Richtung Murmelhügel. Alte Hacke! Der Schuss war echt nach hinten losgegangen. Jetzt waren die Murmelbiester noch müder als zuvor.

Meine neununddreißig Freunde und Verwandten wollten sich gerade im Winterschlafraum zusammenkuscheln, als draußen die Erde zu zittern begann. Neugierig streckten sie ihre Köpfe aus den Erdlöchern.

Das war Pollys zweite Idee: Billy the Kid donnerte auf Rosa hin und her und versuchte, mit seinem Lasso den Ampelmann einzufangen. Ein Schweinelärm war das! Aber irgendwann kehrte wieder Ruhe ein, weil Rosa nicht mehr konnte und der Ampelmann erschöpft und mit rotem Kopf vor sich hin blinkte.

Es folgte Pollys dritte Idee: ein Angriff des Clubs der Wilden Glühwürmchen. Wir hatten den Glühwürmchen zur Belohnung für ihre Hilfe einen fetten Schokoladenkeks versprochen. Jetzt schwirrten sie im Winterschlafraum herum und leuchteten, so hell sie konnten. Meine Freunde und Verwandten riefen:

„Macht das Licht aus!“

„Da kann doch keine Sau bei schlafen!“

„Und auch kein Murmeltier!“

„Ihr Wackeldackel!“

„Ihr Schnackeldachse!!“

Das ist der schlimmste Fluch, den wir kennen im Walle-Wacke-Land.

Aber auch Glühwürmchen können nicht ewig leuchten. Irgendwann flogen sie erschöpft und ausgelöscht mit ihrem Schokoladenkeks in den Bunten Wald zurück. Dort kauerten sie sich auf Horst-Dieters Schultern, also Äste.

Horst-Dieter war sehr, sehr glücklich, wieder in seinem Haselnussbaum zu hocken. Auch der Baum freute sich tierisch, das heißt, eher pflanzlich. „Zu Hause“, hatte Horst-Dieter in den letzten Monaten oft gesagt, „ist es doch am Schönsten. So viel steht fest!“

Als vierte Idee blieb uns nur noch der Schrönk.

„Klar!“, sagte der Schrönk, als wir ihn fragten, ob er uns helfen würde.

Und dann tat er etwas, mit dem wir nicht gerechnet hatten. Er öffnete den Mund – und sang! Aber das hörte sich fürchterlich an. Das hörte sich so an, als würden sämtliche Murmeltiere im Walle-Wacke-Land mit ihren Zähnen versuchen, steinerne Murmeln zu knacken.

Doch der Gesang des Schrönk verfehlte seine Wirkung nicht. Meine neununddreißig Freunde und Verwandten hielten sich die Ohren zu. Und wie soll man schlafen, wenn man sich gleichzeitig die Ohren zuhält?

Allerdings war irgendwann auch der Schrönk außer Puste. Er hörte auf. Endlich hatten wir mal was gefunden, was der Schrönk NICHT konnte: singen! Er war der miserabelste Sänger im ganzen Walle-Wacke-Land. Aber das war nicht weiter schlimm, fanden wir.

Der Winterschlaf war nicht mehr aufzuhalten. Alle lagen schon in ihren Kojen. Doch um sich zu vergewissern, dass auch tatsächlich alle da waren, murmelten meine Freunde und Verwandten den letzten Winterschlaf-Appell: Bei der Nummer neunundzwanzig – Mucki Bude – jubelten wir kurz.

Schließlich hielt mein Bruder Willy Backe seine Winterschlafrede: „Freunde, Mitbürger, Murmelschweine.“

„Murmeltiere!“, verbesserte Polly.

Wie üblich war Willys Rede so lang und so langweilig, dass ein Murmeltier nach dem anderen in den Schlaf kullerte wie eine Murmel ins Loch.

Was soll ich sagen? Bald wurden auch wir müde: Polly und ich. Das ist immer ein sautrauriger Moment. Wenn wir wissen: Jetzt müssen wir schlafen.

Wir kuschelten uns an den Schrönk. Er kann echt fast alles, dieser Schrönk. Er ist immer für uns da. Er ist ein Walle-Wacke-Flohzirkusdirektor-Riesenmurmel-Pferd-Trampolin-Schranken-Bagger-Mathematikgenie-Hubschrauber! Bis jetzt. Bestimmt hat er noch viel mehr drauf, der Schrönk! Aber vor allem ist er der beste Freund, den man sich vorstellen kann.

„Schau mal", sagte Polly. „Die schlafen schon alle."

Tatsächlich schliefen meine neununddreißig Freunde und Verwandten inzwischen tief und fest.

„Dann bleibt uns wohl nichts übrig", gähnte ich. „Lass uns auch mal pennen!"

„Gute Nacht, Billy!"

„Gute Nacht, Polly!"

„Gute Nacht, Schrönk!"

„Bis nächstes Frühjahr!"

Und dann schliefen wir ein.

Der Bierbauch vom Schrönk war weich wie ein Kissen.

Gibt nichts Neues mehr zu berichten aus dem Walle-Wacke-Land. Außer dem Schnarchen meiner neununddreißig Freunde und Verwandten. Aber das ist ja nicht so interessant. Auch der Ampelmann schlief. Oben, über uns, bei den Murmelbahnen. Und Billy the Kid ritt wohl gerade in den Sonnenuntergang.

Darum seid ihr jetzt dran:
was zu erleben,
was zu entdecken,
was zu erzählen,
was zu erfinden,
was zu erträumen,
was zu erschaffen,
’ne gute Idee – tut niemals weh,
ein toller Gedanke – kennt keine Schranke.
Und deshalb sagt euch Billy Backe:
Haut mal so richtig auf die Kacke!

end
1

Zweites Buch

BILLY BACKE

UND

MINI MURMEL

Teil I

Billy Backe und das Riesenhaselnuss-Ei

Teil II

Billy Backe und das Monstermeer

Teil I

Billy Backe und das Riesenhaselnuss-Ei

Polly
Wildes Glühwürmchen
Der Schrönk
Zahmer Leuchtkäfer
10
2

1
Ein Ballon mit Haselnuss

Walle Wacke! Alte Hacke!

Endlich ist der öde, blöde, schnöde Winterschlaf vorbei!

Wie immer weckte uns der Club der Wilden Glühwürmchen. Der Trompetenfrosch spielte ein schiefes Lied dazu. Wir waren sofort walle-wacke-wach und krochen aus unseren Erdlöchern: ich, Billy Backe, berühmtestes Murmeltier im Walle-Wacke-Land, samt neununddreißig Freunden und Verwandten, dazu Polly, das Posthörnchen, und natürlich unser Schrönk. Was ein Schrönk genau ist? Wenn ihr meine früheren Abenteuer kennt, wisst ihr Bescheid: Der Schrönk ist ein Walle-Wacke-Flohzirkus-direktor-Riesenmurmel-Pferd-Trampolin-Schranken-Bagger-Mathematikgenie-Hubschrauber. Jedenfalls bis jetzt! Aber er hat bestimmt noch viel mehr drauf. Auf alle Fälle ist der Schrönk der beste Freund, den man sich vorstellen kann.

„Ich hab Hunger!“, brummte der Schrönk.

Ja, Hunger hatten wir auch! Murmeltierischen Hunger!

Nach so einem Winterschlaf hingen uns die Mägen immer bis unter die Fußsohlen. Wir brauchten Haselnüsse! Sofort! Deshalb brachen wir gleich auf: zum Bunten Wald.

Doch kaum waren wir ein paar Schritte gelaufen, hielt Polly inne. „Schaut mal! Was ist das denn?“, rief sie und zeigte nach oben.

Fli-Fla-Flocke! Über unseren Köpfen, dort, in der Luft, da schwebte ein … ein Ballon! Ja! Ein Heißluftballon! Knallrot! Und unten am Ballon, da hing … Nein! Kein Korb! Das sah aus wie eine Haselnuss! Eine Riesenhaselnuss! So groß wie Polly!

Die meisten Haselnüsse malen wir bunt an. Und spielen mit ihnen. Wie mit Murmeln. Deshalb nennt man uns Murmeltiere. Aber die übrigen Nüsse, also alle Nüsse, mit denen wir nicht spielen, die werden von uns verputzt, verspeist, verspachtelt, da bleibt kein Auge trocken. Und daher lief uns die Suppe auf der Zunge zusammen, als wir die gigantische Haselnuss sahen. Die mussten wir haben! Unbedingt!

„Sieht saulecker aus!“, flötete Polly.

„Mein Magen brummt wie ein Wackelriese!“, rief ich.

„Nichts wie hin!“

Und los ging’s!

Doch wie sollten wir die Nuss samt knallrotem Ballon vom Himmel holen? Für solche Fälle ist es immer toll, den Schrönk dabeizuhaben. Der hat nicht nur einen dicken, kugelrunden Bierbauchkopf, sondern auch zwei lange Arme und zwei lange Beine. Er nahm Anlauf, sprang in die Luft, packte die Nuss und ließ sie nicht mehr los.

„Hurra!“, jubelte Polly. „Du hast sie!“

„Yippi-ya-yeah!“, rief ich und pfiff durch die Zähne.

Ich dachte: Der Schrönk, der ist so stark und so schwer, der zieht die Nuss samt Ballon zu uns nach unten, auf die Erde.

Aber Pusteblume! Nichts da! Im Gegenteil! Unser Schrönk wurde vom Ballon nach oben gezogen! In die Höhe! Er flog davon! Was tun?

„Der Schrönk!“, rief ich zu Polly. „Halt ihn fest!“

„Hippel-di-hipp!“, jauchzte Polly. Sie nahm Anlauf, sprang hoch und packte mit ihren Pfoten die Füße vom Schrönk.

Alte Schabracke! Die beiden waren immer noch zu leicht!

Ich spurtete hinter ihnen her, hüpfte hoch und schnappte mir Pollys Hinterpfoten! Schon hing auch ich dran: Das war die reinste Riesenhaselnussballon-Schrönk-Polly-Billy-Kette.

Und jetzt? Was soll ich sagen! Pi-Pa-Pech! Statt nach unten zu gondeln, schwebten wir weiter durch die Luft! Nach oben. Alter Häuptling Hüpf-Perücke! Das neue Jahr fing ja echt gut an. Kurz nach dem Aufstehen schon das erste Abenteuer!

Wir flogen über den Fliederfluss, näherten uns der M-Brücke, und dann das: Oben auf der M-Brücke lungerten fünf Igel-Indianer. Igel-Indianer haben immer jede Menge Pfeile in ihren Köchern, also, in ihren Rücken. Denn als Pfeile benutzen sie ihre Stacheln. Und sie sind ständig auf Randale aus!

Jetzt sahen sie uns am Riesenhaselnussballon, jodelten ihr Kampfgeschrei, schnappten sich die Bögen und schossen einen Pfeil nach dem anderen in unsere Richtung. Zisch und Zacke! Die haben nur Unsinn im Kopf, die Igel-Indianer! Die reinsten Stachelschweine sind das doch!

Und schon traf einer der Pfeile unseren Ballon. Wir hörten ein Pfffffffffft, und die Luft flötete langsam heraus. Die Igel-Indianer jubelten.

Und wir? Wir sanken! Trudelten immer tiefer hinab!

Und landeten am Rand des Halli-Galli-Dschungels.

Zuerst ich selbst – krawumm!
Dann Polly – knuff!

Jetzt der Schrönk – schalupp!
Und schließlich die Riesenhaselnuss – rumms!
Auch der rote Ballonstoff fiedelte zu Boden – plieeeffff!

Zum Glück waren wir weich gefallen. Ins Moos. Ein paar Affen schaukelten in den Bäumen. Als sie uns sahen, staunten sie Bauklötze, besser gesagt: Baumklötze.

Ihr Anführer Alfie Affe rief: „Super Landung! Eins a! Tolle Haltungsnoten! Echt cool!“ Und die anderen Affen klatschten Beifall.

Wir schnauften durch. Tasteten unsere Knochen ab. Keiner war verletzt. Glück gehabt! Wir betrachteten unsere Beute: Die Riesenhaselnuss sah so lecker aus, dass wir uns die Bäuche rieben. Wir würden die Nuss gleich knacken, den Kern herausholen und überm Feuer brutzeln. Dazu ein wenig Regenwurmbutter, köstlich!

Doch dann geschah etwas völlig anderes.

„Post!“, rief Polly plötzlich.

„Was ist los?“, fragte der Schrönk.

„Post! Post! Post!“ Polly sprang aufgeregt auf und ab.

Ihr müsst wissen: Polly ist ganz verrückt nach Post aller Art. Schließlich ist sie ein astreines Posthörnchen.

„Ein Brief!“, rief Polly und deutete auf die Nuss.

Tatsache! Jetzt sahen wir es auch: Oben an der Nuss klebte ein Brief! Polly pflückte ihn ab.

„Nun mach schon auf, Polly!“

Polly schüttelte den Kopf: „Postgeheimnis! Nur derjenige darf ihn öffnen, dessen Name auf dem Brief steht.“

„Na toll“, murmelte ich.

„Und?“, fragte der Schrönk. „An wen ist der Brief denn nun adressiert?“

Polly räusperte sich und las vor:

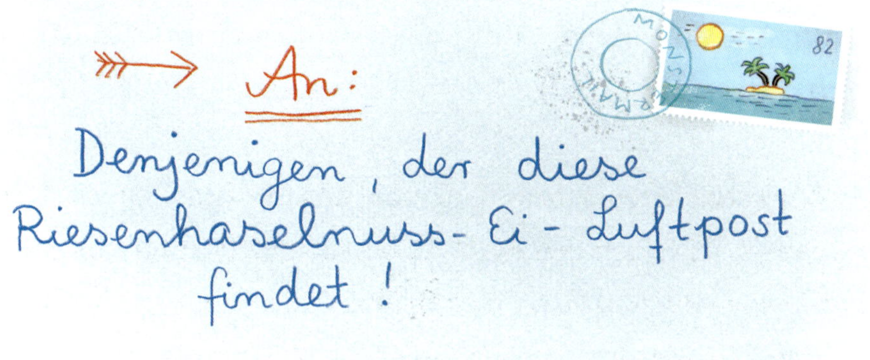

„Alter Häuptling Schneckenfeder“, sagte ich. „Das sind wir! Wir haben ihn gefunden! Also dürfen wir ihn auch öffnen!“

„Okay“, sagte Polly und riss den Umschlag auf.

„Nun mach’s nicht so spannend, Polly! Lies vor!“

„Hier steht: ‚Wer auch immer dieses Riesenhaselnuss-Ei findet, darf auf keinen Fall versuchen, die Nuss zu essen! Oder sie aufzuknacken! Das ist nämlich keine Nuss, sondern ein Ei! Ein Haselnuss-Ei! Ein Riesenhaselnuss-Ei! Und aus diesem Ei wird mein Sohn schlüpfen. Eines Tages. Wer auch immer das Ei findet: Bring es bitte zu Tabanaka Strumpfloch, dem weisen Medizinmann der Strumpfnasen. Er wird Rat wissen.‘“

Wir schauten uns an. Das war alles mehr als rätselhaft: ein Riesenhaselnuss-Ei? Aus dem etwas schlüpfen würde? Was denn überhaupt? Ein Dino? Ein Rhinozeros? Eine Schlange? Eine wilde Sau? Eine Tütensuppe? Wir wussten es nicht. Und wer hatte diesen Brief geschrieben? Weshalb hatte er das Ei nicht selbst zu Tabanaka Strumpfloch gebracht? Befand sich der Briefschreiber vielleicht in Gefahr?

Rabatz! Auf jeden Fall klang das alles nach einem Haufen neuer Abenteuer!

Ich schaute zu Polly und zum Schrönk. „Seid ihr dabei?"

„Na klar!", riefen die beiden aufgeregt.

„Aber ...", murmelte Polly „... eigentlich hab ich immer noch saumäßig Hunger."

Stimmt! Das Knurren unserer Mägen klang inzwischen wie siebzig schnurrende Sabbelzahntiger.

„Dann schlagen wir uns jetzt erst mal die Bäuche voll!"

„Nur womit?", fragte Polly.

Alter Häuptling Mampfendes Mison!

Wir gingen zum Ufer des Tränenflusses, der am Halli-Galli-Dschungel vorbei durchs Traurige Tal fließt. Dort standen jede Menge Kokospalmen. Der Schrönk schüttelte die Stämme und schlug die runtergeplumpsten Kokosnüsse auf. Das schmeckte walle-wunderbacke! Okay, mit Ketchup wäre es noch leckerer gewesen. Aber was will man machen! Manchmal muss man die Dinge nehmen, wie sie kommen.

Walle Wacke! Kokosnuss!

Knicke Knacke! Hochgenuss!

2 Der Kampf gegen die Misons

Abgestürzt waren wir. Im Halli-Galli-Dschungel. Am Ufer des Tränenflusses. Der Schrönk, Polly und ich. Mit dabei: ein Riesenhaselnuss-Ei! Samt Brief. Mit der Bitte, das Ei zu Tabanaka Strumpfloch zu bringen, dem Medizinmann der Strumpfnasen. Und das wollten wir tun!

„Was ist eigentlich ein Medizinmann?“, fragte Polly mit vollem Mund. Die Kokosnüsse schmeckten herrlich.

„Ein Häuptling“, antwortete der Schrönk.

„Ein Häuptling?“

„Ja. Mit Zauberkräften.“

Dann aber, Freunde der Kokosnuss, hörten wir plötzlich ein Brüllen. Tierisch grauenvoll. Uns stand das Fell zu Berge, so schrecklich klang das. Wir lugten durch die Büsche am Ufer und sahen eine gewaltige Staubwolke auf der anderen Seite des Flusses. Dort lag die Steppe der Misons.

Misons? Misons sind eigentlich Bisons. Aber immer mies drauf. Furchtbar schlecht gelaunt. Daher heißen sie Miese Bisons – oder eben Misons. Immerzu kämpfen sie gegen alles, was ihnen in die Quere kommt.

Als sich der Staub legte, konnten wir die Misons erkennen. Aber was war das? Die Misons hatten jemanden eingekreist! Einen Reiter! Mit Cowboyhut auf dem Kopf. Er saß auf einem Zwergpferd. Einem rosaroten Zwergpferd!

„Billy!", rief ich. „Das ist Billy the Kid!"

Unser Cowboyfreund!

Wackelwaddelwabatati!

„Und Rosa!", rief Polly. „Sein Zwergpferd!"

Billy the Kid hatte Polly einst vorm Ertrinken gerettet. Und mich vor den Klapperkrokodilen. Im Grünen See. Mein Namensvetter Billy ist ein waschechter Cowboy, der weltbeste Spurenleser und ein feiner Kerl.

Jetzt aber war er in höchster Gefahr! Unser Cowboyfreund suchte nach einem Ausweg. Keine Chance: Er saß in der Falle!

„Was sollen wir tun?", rief ich.

Der Schrönk sagte: „Polly, Billy! Könnt ihr mir ein Stück aus dem Ballontuch nagen?"

„Bitte was?"

„Ich brauche ein rotes Tuch!"

Auf der anderen Seite des Flusses scharrten die Misons schnaubend mit den Hufen. Sie blickten finster zu Billy the Kid und brüllten immer lauter. Man konnte förmlich ihre Lust spüren, endlich die Hörner in den Cowboy und sein Zwergpferd zu rammen. Bald würden sie lostrampeln!

Polly und ich flitzten zum Ballontuch und nagten an dem roten Stoff. Das schmeckte wie quietschender Ziegenmist, aber egal! In null Komma Zahn hatten wir ein rechteckiges Stück herausgetrennt. Der Schrönk schnappte es und watete durch den Tränenfluss. Mit seinen langen Beinen konnte er das. Polly und ich waren zu klein. Und schwimmen können wir leider nicht. Also blieben wir zurück.

Im Nu war der Schrönk drüben. Er rief den Misons entgegen: „Lasst meinen Freund in Ruhe!"

Die Misons grölten schauderhaft und drehten ihre Köpfe. Unsicher glotzten sie den Schrönk an. Sie hatten wohl noch nie so ein Wesen gesehen. Und wussten nicht, ob dieser lange Kerl ihnen gefährlich werden konnte.

Da riss der Schrönk das rote Tuch in die Luft. Die Misons muffelten aufgeregt. Sie starrten auf das Tuch. Stießen Dampf aus den Nüstern. Von ihren Mäulern triefte der Speichel. Der Schrönk ging langsam auf die Misons zu und schwenkte das Tuch hin und her.

Schon kamen sie angerannt! Zunächst zwei Misons: eines von rechts, eines von links. Die Augen der Misons glühten rot vor Wut, genauso rot wie das Tuch. Der Schrönk tänzelte vor und zurück und lockte die beiden Tiere mit dem Tuch genau da hin, wo er sie haben wollte. Im allerletzten Augenblick streckte er das rote Tuch mit seinen langen Armen weit nach vorn. Die Misons galoppierten in blinder Wut hinein. Mitten ins Tuch! Das eine Mison von rechts, das andere Mison von links: Sie krachten mit ihren Hörnern volle Wackel-Kanne gegeneinander! Wir hörten ein lautes Klong!, und die Misons kippten ohnmächtig zu Boden.

Alter Häuptling Brummende Birne!

Der Schrönk hatte zwei Misons auf einmal ausgeschaltet!

Schon kamen die nächsten beiden. Doch auch die hatten nur Augen für das rote Tuch. Ziemlich blöd, solche Misons. Ein Mison nach dem anderen rannte jetzt ins Tuch hinein und krachte mit dem anderen Mison zusammen, das von der gegenüberliegenden Seite kam. Nach kurzer Zeit lagen alle Misons k. o. am Boden. Yi-hah!

Der Schrönk, Billy the Kid und das Zwergpferd Rosa liefen zurück zum Tränenfluss und überquerten ihn. Wir nahmen sie jubelnd in Empfang, begrüßten Billy the Kid und freuten uns, dass er wieder bei uns war.

Polly sagte beeindruckt: „Mensch, Schrönk. Jetzt bist du ein Walle-Wacke-Flohzirkusdirektor-Riesenmurmel-Pferd-Trampo-

lin-Schranken-Bagger-Mathematikgenie-Hubschrauber-Misonkämpfer."

In diesem Augenblick sprangen die Affen von den Bäumen. Angeführt von Alfie Affe. „Juhu!", schrie Alfie überglücklich. „Ihr seid unsere Retter!"

„Wieso das denn?", fragte ich.

„Ihr habt die Misons besiegt! Und uns gezeigt, wie es geht! Jetzt können wir das auch!"

Wir schauten die Affen fragend an.

„Ein paarmal im Jahr", erklärte Alfie Affe, „kommen die Misons über den Fluss und stampfen durch den Halli-Galli-Dschungel! Sie fressen die Büsche auf und trampeln den Rest nieder. Und wir armen Schweine müssen alles wieder neu anpflanzen."

„Wieso denn arme Schweine?", murmelte Polly. „Ihr seid doch Affen!"

„Aber jetzt", rief Alfie, „können wir die Misons bekämpfen. Mit diesem roten Tuch! Dürfen wir es behalten?"

„Na klar!", rief ich.

„Macht ihr uns noch mehr von den Tüchern?", fragte Alfie.

Was soll ich sagen? Polly und ich verbrachten die nächsten zwei Stunden damit, handliche Tücher aus dem Ballonstoff zu nagen. Für jeden Affen eins. Als wir fertig waren, bedankten sich die Affen und turnten zurück in die Bäume.

Wir aber erzählten Billy the Kid alles, was er wissen musste.

Über das Riesenhaselnuss-Ei. Tabanaka Strumpfloch. Und darüber, dass wir das Ei zu den Strumpfnasen bringen sollten. Billy war sofort Feuer und Flacke. Er wollte uns begleiten. Na klar!

„Kennst du Tabanaka Strumpfloch?“, fragte Polly.

„Er ist der Medizinmann der Strumpfnasen“, sagte Billy.

„Äh. Was sind denn Strumpfnasen überhaupt?“

„Strumpfnasen sind ein friedliches Völkchen. Liebenswerte Hüpfwesen. Die tun niemandem was Böses.“

„Hüpfwesen?“

„Ja, die hüpfen immerzu.“

„Aha. Und warum heißen sie Strumpfnasen?“

„Sie tragen Strümpfe auf den Nasen“, sagte Billy.

„Klingt irgendwie saulogisch.“

„Und weißt du, wo die leben, die Strumpfnasen?“, fragte ich.

„Im Walle-Wacke-Hochland“, sagte Billy the Kid. „Hinter den Klingelnden Bergen.“

„Alte Hacke! Das ist ein weiter Weg“, brummte der Schrönk.

„Aber bevor es losgeht“, sagte Billy, „muss ich erst mal was essen!“

Walle Wampf! Nach dem Kampf:
Kein Misondampf, nur Nussgemampf!

3

Jede Menge Klapperkrokodilstränen

Mensch, das neue Jahr fing ja gut an. Ein Riesenhaselnuss-Ei! Der Absturz mit dem Ballon! Der Schrönk gegen die Misons! Die Rückkehr von Billy the Kid! Wer nun denkt, diese Abenteuer reichen bis zum nächsten Winterschlaf, der hat sich aber sowas von verritten. Nö, Leute. Wir hatten einen Auftrag zu erledigen. Wir mussten zu Tabanaka Strumpfloch. Mit dem Ei im Gepäck. Dem Riesenhaselnuss-Ei. Keine Ahnung, was daraus schlüpfen sollte, aber das würden wir schon noch sehen.

Wir brachen auf. Polly und ich ritten auf dem Schrönk. Billy the Kid auf seinem Zwergpferd Rosa. Das Riesenhaselnuss-Ei schleifte er am Lasso hinter sich her. Wir durchquerten die Windigen Hügel und ließen die M-Brücke links liegen. Wir ritten am Tränenfluss entlang, der durch das Traurige Tal floss.

„Wir müssen den Tränenfluss bald überqueren", sagte Billy the Kid nach einiger Zeit. „Es gibt nur einen einzigen Pfad hinein in die Klingelnden Berge. Und der beginnt auf der anderen Seite des Flusses."

Gut, dass wir jemanden dabeihatten, der sich auskannte.

Nachdem wir die Rennbahn der Rollenden Ratten passiert hatten, fanden wir eine Furt, also eine Stelle, an der das Wasser des Tränenflusses so flach war, dass auch Polly und ich hindurchwaten konnten. Billy the Kid ging als Erster. Er führte Rosa, die das Haselnuss-Ei zog, dann kamen Polly und ich. Der Schrönk bildete die Nachhut.

Wir wissen ja viel, aber wir haben echt keinen Schimmer, weshalb das Traurige Tal Trauriges Tal heißt. Das sollte sich jetzt sofort ändern: Als wir im Wasser standen, mitten im Fluss, da näherten sich von beiden Seiten – je fünf Krokodile! Die Krokodile sahen schuppenhaargenauso aus wie die gefräßigen Klapperkrokodile, die im Grünen See leben.

„Ach du grüne Neune!“, rief Polly.

„Zehne!“, rief ich. „Es sind zehne!“

Aber, Freunde der Schnabeltassen! Im einen Moment sieht man noch die entsetzlichen Krokodile, im nächsten hört man dieselben Krokodile schon herzergreifend weinen. Ein Geheule! Ein Gejammere! Ein Geschluchze! In Strömen flossen Krokodilstränen rütze-di-pfütze ins Wasser des Tränenflusses.

„Mensch!“, rief Polly. „Jetzt wissen wir endlich, weshalb der Tränenfluss Tränenfluss heißt. Und das Traurige Tal Trauriges Tal! Sautraurig, diese Krokodile.“

„Aber warum sind die so traurig?“, fragte der Schrönk.

Als hätte jemand ein Kommando gegeben, klappten die Krokodile jetzt ihre Schnauzen auf. Ich zuckte zusammen, weil ich dachte, sie wollten uns fressen mit ihren scharfen, spitzen Zähnen. Aber Pustewuschel! Die hatten gar keine Zähne! Keins der Krokodile hatte auch nur einen einzigen Zahn im Maul! Weder Milch- noch Kakaozähne, weder erste noch dritte Zähne, weder Cola- noch Fantazähne, noch nicht mal Walle-Wackel-Zähne. Deshalb also heulten die Krokodile: Was sollten sie denn fressen so ganz ohne Zähne? Bloß Gräser und Kräuter?

„Habt ihr vielleicht Fähne für unf?“, jammerte eins der Krokodile.

„Was?“

„Es fragt, ob wir Zähne für sie haben“, sagte der Schrönk.

„Alte Hacke!“, rief ich. „Wir müssen ihnen helfen!“

„Bist du sicher?“, fragte Polly.

„Ja. Das ist doch klar wie Zahnpasta.“

„Aber wie?“

„Ich muss rennen!“, rief ich den Krokodilen zu. „Immer wenn ich renne, kommen mir die besten Ideen!“

Und ich rannte los. Na ja, diesmal watete ich eher, als dass ich rannte. Das sah aus wie Wassertreten. Aber das zählt auch. Rennen ist rennen. Ob zu Wasser, zu Lande oder in der Luft. Hauptsache, ich bewege so schnell wie möglich meine Gräten, also, meine Beine. Die Krokodile schauten sich verwundert an. Sie dachten wohl, ich hätte nicht mehr alle Glühwürmchen in der Birne. Aber als ich das andere Ufer erreichte, fiel mir tatsächlich etwas ein.

„Ich hab's!“, rief ich den Krokodilen zu. „Das ist es!“

Ich hob zwei weiße Steine vom Boden auf und schlug sie gegeneinander: Von einem splitterte ein Stück ab! So groß und spitz und scharf und kantig wie ein gefährlicher Krokodilszahn. Ich hielt ihn in die Höhe und rief: „Zahnstein! Zahnstein! Yippi-ya-yeah, ihr Krokodile! Wir verpassen euch Zahnsteine!“

Gemeinsam stellten wir rüttel-die-küttel Zahnsteine für die Krokodile her. Ich muss schon sagen: Das machte richtig Spaß. Gebisse hauen für die armen, zahnlosen Krokodile.

Als wir genug beisammen hatten, fragte Polly: „Und jetzt?“

Hm. Gute Frage. Wie konnten wir die Zähne in die Mäuler der Krokodile kleben?

Da rief Billy the Kid: „Wie wär’s mit Hufleim?“

„Hufleim?“

„Ich hab immer Hufleim dabei. Falls meiner Rosa mal ein Huf abfällt. Dann kann ich ihn wieder ankleben. Der Hufleim wirkt wahre Wunder. Einmal sind Rosa und ich in einen irren Wirbelsturm geraten. Der war so stark, dass er die dicksten Bäume pflückte wie Grashalme. Hätte ich Rosa und mich nicht mit dem Hufleim an einen Felsen geklebt, wären auch wir hochgewirbelt worden!“

„Alte Hacke!“

„Trägst du da nicht ein bisschen dick auf, Billy?“, fragte der Schrönk.

„Jaja, genau!“, sagte Billy the Kid. „Man muss den Leim schön dick auftragen!“

Mit dem Hufleim und den selbst gemachten Krokodilszähnen stiegen wir wieder zurück ins Wasser und näherten uns den Krokodilen. Die hatten die ganze Zeit neugierig zugesehen, was wir da machten. Jetzt sperrten sie bereitwillig ihre Mäuler auf. Wir bestrichen die Kiefer der Krokodile mit Hufleim und setzten ihnen die Zähne ein. Die Krokodile schlossen und öffneten ihre Mäuler, und was soll ich sagen: Es klapperte wie geschmiert! Also, eigentlich wie geklebt! Auf und zu und zu und auf. Die Krokodile strahlten, und wir strahlten auch.

Aber jetzt kam's krokodicke. Wir dachten, die Krokodile müssten uns doch dankbar sein. Schließlich hatten wir ihnen geholfen! Sie hatten sogar aufgehört zu weinen. Das Traurige Tal war kein Trauriges Tal mehr, sondern ein Fröhlicher Klapperkasten. Aber nix da! Während die Klapperkrokodile ihre Mäuler schlossen und öffneten, kapierten sie, was sie mit ihren neuen Zähnen tun konnten: zubeißen! Fressen! Endlich mal wieder! Und wen könnten sie verputzen? – Na, uns natürlich! Sonst war ja keiner da. Sauerei!

Doch als uns die Krokodile einkreisten, hörten wir plötzlich ein lautes Knacken. Überrascht schauten wir uns um: Das

Haselnuss-Ei hatte einen Riss bekommen! Selbst die Krokodile vergaßen ihre gemeinen Absichten und sahen neugierig zum Ei. Schon platzte das Ei auf, und heraus schaute – ein nussechtes Murmeltierbaby!

„Plüüüüüüh!“, machte das Murmeltierchen.

Das Murmeltierbaby war etwa halb so groß wie ich und hatte feuerrote Wuschelhaare. Und oberseltsam: Es trug eine weiße Windel um den Po. Dabei war es doch gerade erst aus der Nuss geschlüpft.

Das Murmeltierchen schüttelte den Wuschelkopf, sah mich und quiekte: „Ha! Papa! Pupu! Papa!“

Alte Hacke! Das Baby konnte schon sprechen!

Doch als es die Krokodile erblickte, verfinsterte sich seine Miene. Es packte die obere Hälfte der Haselnuss-Ei-Schale und schleuderte sie dem vordersten Krokodil mit voller Wucht auf die Schnauze. Dann sprang mir das Murmeltierbaby direkt in die Arme und rief: „Nix wie wecko, alter Gecko!“

Wir waren genauso verwirrt wie die Klapperkrokodile, zögerten aber keine Sekunde. In Windeseile platschten wir durch die Furt – nichts wie hin zum rettenden Ufer! Das Murmeltierbaby drehte sich in meinem Arm zu den Krokodilen um, streckte ihnen die Zunge raus und rief: „Krokodile! Lahme Schnecken! Zockelgockel! Krötenflöten! Ihr seid nix so schnell wie wir!“

Erst jetzt merkten die Klapperkrokodile, dass wir ihnen gerade entwischten. Wütend schnappten sie hinter uns her.

Aber was soll ich sagen, Freunde?

Wir entkamen den Mäulern der Krokodile um Haaresbreite.

Also eigentlich: um Zahnesbreite.

Schweinebacke! Klapp Klapp Happ!

Alte Hacke! Das war knapp!

4

Bei den Tollpatschen in der Patsche

Wir ritten wie der Wind. Weg von den Klapperkrokodilen. Ich hielt das Murmeltierbaby mit seiner weißen Windel im Arm. Es schmiegte sich an mich und murmelte immer wieder „Papa! Pupu! Papa!“

Nach einer Weile hielten wir an und ich setzte das Murmeltierchen ab. Es strahlte uns mit leuchtend blauen Augen an. Wirklich süß, dieser rote Wuschelkopf.

„Wer bist denn du?", fragte Polly.

„Ich – Mini Murmel", sagte das Murmeltierchen.

„Du kannst schon sprechen?"

„Ich viele Sprachen sprech. Aber immer ein bisschen nur. Traumatisch. Walisisch. Walle-Wackisch. Spanferkelisch. Ich auch sprech mit Windel hier."

Wir schauten uns verblüfft an.

„Mit deiner Windel kannst du auch sprechen?", fragte ich.

„Klariklaro. Windel ist Kampfwindel. Name: Jimbo. Ich schon drei Monat in Ei drinno. Ich mit Windel sprech. Fließend Pipinesisch."

„Pipinesisch?", rief Billy the Kid.

„Klariklaro", rief Mini.

„Kakalanisch auch?", fragte Polly und kicherte leise.

„Jaja. Aber nur ein paar Brocken", sagte Mini.

Wir schauten uns mit großen Augen an. Irgendwie schien das kleine Murmeltier nicht richtig im Dachstübchen zu sein. Behauptete, mit seiner Windel sprechen zu können! Auf Kakalanisch und Pipinesisch! Mit Jimbo! Einer Kampfwindel? Leute! Eine blühende Fantasie hatte er, der kleine Mini, das musste man ihm lassen.

„Und weißt du, wo du herkommst?", fragte der Schrönk.

„Ha noi! Ich nur Ei von innen kenno."

„Weißt du, wer dein Vater ist?", fragte ich.

„Du!", rief Mini und schmiegte sich wieder an mich. „Du! Papa! Pupu! Papa!"

Es half alles nichts: Wir mussten weiterreiten, zu Tabanaka Strumpfloch. Um herauszufinden, woher Mini stammte. Polly kletterte zu Billy the Kid auf Rosa. Mini Murmel ritt mit mir auf dem Schrönk. Auf ging's! Richtung Klingelnde Berge!

Nachdem wir ein gutes Stück des Weges hinter uns gebracht hatten, verkündete Billy the Kid: „Gleich könnte es ungemütlich werden!"

„Wieso?", fragte ich.

„Wisst ihr, wer am Fuß der Klingelnden Berge seine Zelte aufgeschlagen hat?"

„Nö. Wer denn?", fragte der Schrönk.

„Die Tollpatsch-Apatschen!"

„Die Tollpatsch-Apatschen?"

„Ja! Auch Tollpatschen genannt. Die sind die gefährlichsten Kämpfer im ganzen Walle-Wacke-Land."

„Au Backe, das klingt nicht so gut“, sagte Polly.

„Jede Bewegung der Tollpatschen sieht total tollpatschig aus. Aber genau deshalb sind sie so unberechenbar im Kampf. Weil man nie voraussagen kann, was sie als Nächstes tun!“

In der Nacht gelangten wir zum Lager der Tollpatschen. Jetzt hieß es, Ruhe bewahren. Nicht weit entfernt flackerten einige Lagerfeuer. Wir mussten leise an ihnen vorbeischleichen. Bloß nicht auffallen.

Alter Häuptling Spitze Zehe!

Das hätte super geklappt. Jedenfalls, wenn Mini nicht dabei gewesen wäre! Wir waren schon fast vorbei, da sprang mir Mini vom Arm. Einfach so!

Er lief ein paar Schritte zurück, legte die Hände an den Mund und schrie, so laut er konnte: „Tollpatschen! Vollklatschen! Prollwatschen! Trollpratschen! Kriegt uns nicht! Kriegt uns nicht! Wir noch schneller als das Licht!“

„Mini!“, raunte ich erschrocken. „Ruhe!“

Doch der Kleine schrie weiter: „Penntüten! Schnarchnasen! Ratzbirnen! Dösköppe! Kriegt uns nie. Ho und he und hihihi!“

Zu spät! Das Geschrei war bis an die Ohren der Tollpatschen gedrungen. Schon näherten sie sich. Mit Fackeln. Und Waffen. Sie kamen aus allen Richtungen. Irre schnell. Dabei sprangen sie wie verrückt herum und machten zackige Bewegungen! Sie kreisten uns ein. In null Komma Purzelbaum. Ehe wir bis drei zählen konnten, hatten die Tollpatschen uns gefesselt. Und wir saßen in der Patsche! Besser gesagt: in der Tollpatsche!

Die Tollpatschen brachten uns mit lautem Gejohle zu ihrem Lager. Im Schein der Feuer konnten wir sie jetzt gut erkennen:

feiste, unförmige Gestalten! Grauschwarze Kriegsbemalung! Klapperschlangenhäute, Stinktierschwänze und Totenschädel an ihren Gürteln! Tomahawks in den Händen: ihre Streitäxte.

Uns gruselte.

„Mini!“, schimpfte ich. „Da hast du uns ja echt was Tolles eingebrockt!“

„Toll! Toll! Toll!“, rief er. „Tollpatschtoll! Tollpatschtoll!“

Kaum zu fassen! Mini war immer noch fröhlich. Als könnte uns nichts passieren!

Die Tollpatschen banden uns an Marterpfähle. Sie tanzten um uns herum. Und schnitten fürchterliche Grimassen.

„Sie werden uns skalpieren“, flüsterte Billy the Kid.

„Skalp... was?“, fragte Polly.

„Uns die Haare abschneiden!“

„Frisör, Frisör!“, jubelte Mini.

„Nein! Die Haare *und* die Kopfhaut. Und vorher werden sie uns aufritzen! Mit Messern!“

„Essen?“, rief Mini. „Njam njam! Ich Hunger!“

„Nein! Messern!“, rief Billy the Kid. „Anbrennen werden die uns!“

„Essen nix anbrennen. Essen immer lecker, gut koch koch. Ich mit Messer ess! Und Gabel!“

In diesem Moment bohrte sich eine Streitaxt dicht neben Mini Murmels Kopf in den Marterpfahl. Hätte ihm beinahe das Ohr abgeschnitten!

Mini schrie auf: „Ooooh!“ Jetzt kapierte er endlich, dass wir uns in größter Gefahr befanden. Schnell rief er: „Quajaba. Jimbo. Juhuspiritaka.“

„Was soll das denn werden?“, fragte der Schrönk.

„Ich mit Jimbo Kampfwindel sprech“, sagte Mini. „Auf Pipinesisch!“

Auch das noch. Total verrückt, der Kleine.

Doch dann ...

Freunde, wir trauten unseren Augen nicht: Minis Windel löste sich von seinem Po und sprang auf die Erde. Die Tollpatschen verstummten sofort. Die Windel! Sie konnte sich bewegen! Sie stand auf ihren unteren Laschen wie auf Beinen. Und breitete die oberen Laschen aus wie Arme. Die Windel! Sie lebte! Und dann redete sie auch noch, die Windel!

„Mitschijaga. Kalifati. Hatschiklatschi?“, murmelte sie.

„Tollpatschi! Hatschiklatschi!“, antwortete Mini.

Sofort stürzte sich die Windel Jimbo auf die Tollpatschen. Mit lauten Kampfrufen nietete sie einen Krieger nach dem anderen um. Mit Handkantenschlägen und kräftigen Tritten. Und einige Minuten später lagen alle Tollpatschen am Boden, hielten sich die Köpfe und jammerten. Wir aber jubelten.

„Mach uns los, Jimbo!“, rief ich.

„Hukolinatabi?“, fragte er.

„Seili Schnittischnatti!“, sagte Mini.

Jimbo nahm einem Tollpatschen das Messer ab und schnitt uns los. Dann wickelte sich die Kampfwindel wieder um Mini Murmels Po und murrte: „Nidibloblokakakoko!“

„Was hat Jimbo gesagt?“

„Jimbo sagt: Kack mir bloß nicht auf den Kopf.“

„Los, Leute! Wir müssen weg hier!“, rief der Schrönk.

„Auf geht's!“, sagte ich. „Durch die Klingelnden Berge! Ins Hochland! Zu den Strumpfnasen!“

In diesem Augenblick rappelte sich einer der Tollpatschen auf. Er trug eine wallende Wattehaube.

„Bitte, halt!“, flehte er. „Ihr habt gewonnen. Ihr habt uns besiegt. Die Windel kämpft besser als wir!“ Er verbeugte sich. „Ich bin der Häuptling der Tollpatschen! Ich höre, ihr wollt zu den Strumpfnasen?“

„Wollen wir!“

„Könntet ihr dann meinem ... äh ... meinem Freund, dem Medizinmann Tabanaka Strumpfloch, könntet ihr ihm vielleicht einen Brief von mir bringen?“

„Brief?!“, rief Polly begeistert. „Was denn? Wo denn? Wie denn? Na klar, immer doch. Ein Brief! Ein Brief! Her damit!“

„Einen Augenblick bitte“, sagte der Häuptling. „Ich komme gleich wieder.“

Der Häuptling verschwand in seinem Tipi und schon bald rumorte es darin, dann blitzte es kurz, wir hörten ein Donnern und Krachen, ein Lachen, Quieken, Rauschen. Und nach einiger Zeit kam der Häuptling mit einem Brief zurück.

„Tut mir leid, dass es so lange gedauert hat!"

Irgendwie hatte ich das Gefühl, dass er bei diesen Worten ganz gemein und hinterhältig lächelte.

Polly nahm dem Häuptling den Brief aus der Hand und hielt ihn sich vor die Nase. „Da steht kein Absender auf dem Brief!"

„Absender?", fragte der Häuptling.

„Der Name. Von dem, der den Brief geschrieben hat! *Dein* Name!"

„Ach so, ja, hm, gut, mein Name, soso, okay, gut, also, hm, man nennt mich: Häuptling Falsche Schlange."

Na ja, das war irgendwie kein so schöner Name. Aber egal. Polly steckte den Brief in ihre Posttasche. Weiter ging's. Der aufgehenden Sonne entgegen!

In die Patsche! Aus der Patsche!

Ritsche! Ratsche! Tollpatschklatsche!

5

Der Schrönk klebt fest

Den Kampf gegen die Krokodile und die Tollpatschen hatten wir gewonnen. Jetzt ging es weiter Richtung Mount Hound, der höchsten Erhebung der Klingelnden Berge. Denn obwohl Mini Murmel inzwischen aus dem Haselnuss-Ei geschlüpft war, wussten wir immer noch nicht, wohin wir ihn bringen sollten. Es blieb uns nichts übrig, als Tabanaka Strumpfloch aufzusuchen, den Medizinmann der Strumpfnasen. Der würde Rat wissen.

Schon bald mussten wir absteigen: Der Weg ging ganz schön steil bergauf. Als wäre das nicht schon schwer genug, eröffnete uns Billy the Kid auch noch, dass in den Klingelnden Bergen eine Bergraupe hauste. Na ja, eine Raupe? Was sollte die schon anrichten? Gegen Billy the Kid und Rosa? Gegen den Schrönk? Gegen Mini Murmel und Jimbo Kampfwindel? Gegen Polly Posthörnchen und gegen mich – Billy Backe!

Nach einigem Gekletter gelangten wir an den Eingang einer Höhle. Wenn wir weiter wollten, mussten wir dort hinein. Der Eingang war irre groß. Und kreisrund. Unheimlich dunkel. Wir sammelten ein paar Stöcke, machten Feuer und bastelten uns Fackeln. Dann betraten wir die Höhle.

Nach ein paar Schritten teilte sich der Weg. Ein Gang führte nach rechts. Der andere nach links. Wir wählten den rechten Weg, doch nach drei Metern kam wieder eine Gabelung. Leute, was soll ich sagen: Das war gar keine Höhle! Das war ein Labyrinth! Ein Riesenwirrwarr! Walle-wacke-zicke-zackig.

Und dann hörten wir auch noch ein Geräusch. Ein Brummen. Ein tiefes, unheimliches, gefährliches, entsetzliches Brummen! Ich wäre am liebsten wieder rausgelaufen aus dem Labyrinth, sofort, auf der Stelle. Aber als echter Held kann man sich so was nicht erlauben. Da muss man eben durch, Freunde.

Das Geräusch kam immer näher. Hörten wir es links von uns, bogen wir nach rechts ab. Hörten wir es rechts von uns, liefen wir nach links. Doch irgendwann befanden wir uns in einem Gang, von dem keine Wege mehr abzweigten – und das Geräusch näherte sich von vorn! Schon sahen wir zwei rote Punkte im Dunkeln leuchten. Augen! Und die Augen gehörten der Bergraupe!

Im Schein der Fackeln sahen wir, dass die Bergraupe zwar eine Raupe war, aber viel, viel größer als die Raupen, die ihr so kennt. Diese Bergraupe war genauso groß wie der Gang, durch den sie kroch! Und dann sahen wir auch noch das geifernde Maul der Bergraupe, das voller grässlicher Zähne war, scharf und spitz wie Messer!

BITTE
WENDEN

Wir drehten uns um und liefen, was die Beine hergaben. Die Raupe immer hinter uns her. Sie war schneller, als wir gedacht hatten, und es gelang uns nicht, sie abzuschütteln. Zum Glück kommen mir die besten Ideen immer, wenn ich renne. Auch in größter Gefahr funktioniert das einwandfrei. Also rief ich meinen Freunden zu: „Wir müssen uns aufteilen! An der nächsten Abzweigung! Polly, Mini und ich, wir laufen nach rechts, Billy, Rosa und Schrönk, ihr lauft nach links!"

„Aber warum?", keuchte Polly.

„Die Raupe kann nur in *einen* Gang kriechen!", rief ich. „Sie kann nur *einer* Gruppe folgen. Die anderen warten, bis die Raupe vorbei ist, und greifen sie von hinten an!"

„Von hinten?"

„Ja! Habt ihr nicht gesehen? Sie ist so fett, dass sie sich in dem Gang nicht umdrehen kann!"

Alte Hacke!

An der nächsten Gabelung setzten wir unseren Plan um. Für welchen Gang würde sich die Raupe entscheiden? Na klar: Sie wählte den, in den Polly, Mini und ich gelaufen waren! Echt klasse! Immerhin konnten der Schrönk und Billy the Kid die Raupe jetzt vorbeilassen und ihr kräftig in den fetten Hintern treten. Hoffentlich!

Wir rannten weiter. Die Raupe dicht hinter uns. Endlich erblickten wir das Licht eines Ausgangs. Aber als wir dort angekommen waren, sahen wir vor uns einen tiefen Abgrund! Unten waberte grauer Nebel, sodass wir den Boden der Schlucht nicht erkennen konnten.

Alter Häuptling Plumpsender Stein! Wir steckten in der Falle! Mal wieder, Leute! Typisch! Die Bergraupe würde uns in den Abgrund stoßen. Oder uns mit einem Happs verspeisen. Und beides war irgendwie nicht so klasse.

„Da! Schaut mal!“, rief Polly. Sie zeigte aufgeregt auf den Ast eines Baums, der aus der Felswand ragte. Mühelos sprang Polly auf den Ast.

„Los! Macht schon!“, rief sie.

Ich hörte das tiefe Brummen der Riesenraupe dicht hinter mir. Gleich würde sie mich rammen! Ich nahm Mini Murmel auf den Rücken – und sprang. Doch ich erwischte den Ast nicht! Und wäre glatt abgestürzt! Mitsamt Mini Murmel und der Kampfwindel Jimbo! Aber Polly streckte die Pfoten aus, packte mich und zog uns hoch. Auf den Ast des Felsenbaums.

Uff uff! Gerettet!

„Danke, Polly, danke!“

In diesem Moment schob die Raupe ihren Kopf aus der Höhle. Was für ein entsetzlicher Anblick! Teufelshörner, rot glühende Augen, lila Spitznase! Und natürlich diese giftigen Messerzähne! Hilfe!

Doch die Raupe konnte uns nicht erreichen. Denn sie hatte zum Glück weder Hände noch Pfoten, mit denen sie sich irgendwo hätte festhalten können. Sie brummte jetzt lauter. Vor Zorn. Vor Wut. Sie brummte, dass uns Hören und Sehen verging. Nur Mini schien das nicht zu beeindrucken. Er sang fröhlich: „Hihihi, die Raupe spinnt! Hihihi, im Labyrinth! Kriegt uns nicht, kriegt uns nicht! Raupe ist ein fetter Wicht! Nix ganz dicht!“

Plötzlich veränderte sich das Brummen der Raupe. Es klang nicht mehr wütend, sondern erschrocken.

Der Schrönk! Billy the Kid! Rosa! Wahrscheinlich knufften und stießen sie die Raupe gerade von hinten! Ja, tatsächlich!

Stück für Stück wurde die Raupe jetzt hinausgeschoben. Als ihr Körper etwas mehr als zur Hälfte aus dem Ausgang ragte, kippte und wippte sie, verlor das Gleichgewicht – und taumelte langsam Richtung Abgrund!

Aber dann, Freunde! Was war denn das?! Der Schrönk! Er hatte die Raupe geschoben! Mit all seiner Kraft! Jetzt sahen wir ihn hinter der Raupe.

„Ich klebe fest!“, rief der Schrönk entsetzt. „Ich klebe fest! Ich komm nicht los!“

Tatsache! Seine Arme pappten am fiesen, klebrigen, stinkenden Hintern der Raupe. Und als die Raupe stürzte, riss sie den Schrönk mit sich!

Der Schrönk, er

f

i

i

i

i

e

l!

Mit der Raupe zusammen in den Abgrund!

Und verschwand im grauen Nebel.

Der Schrönk, der Schrönk, er war verloren!

Wir schauten verzweifelt nach unten. Und dann tat Billy the Kid etwas, was nur ein richtig guter Freund für einen Freund tut: Er band sein Lasso um Rosas Sattelknauf, schnappte sich das andere Ende – und sprang dem Schrönk hinterher. Holladi-hoppel! So viel Mut muss man erst mal haben, Leute.

Polly, Mini und ich aber saßen auf dem Ast und wussten nicht, was wir tun sollten.

„Hilfe! Hilfe!“, schrien wir.

Aber da war niemand, der uns hätte helfen können …

Dann hörten wir ein Platschen. Offenbar war am Grund der Schlucht ein See oder ein Fluss. Immerhin: Wenn sich da unten Wasser befand, dann gab es noch Hoffnung! Dann hatten unsere Freunde den Sturz vielleicht überlebt! Nur: Jetzt würden sie im Wasser paddeln – zusammen mit der hässlichen Bergraupe!

Wackelwaddelwabatati!

6

Was im Grauenhaften Grubentümpel geschah

Ihr könnt euch nicht vorstellen, wie wir uns fühlten. Bislang waren unsere Abenteuer immer ganz gut für uns ausgegangen. Jetzt aber hatten wir auf einen Schlag Billy the Kid und den Schrönk verloren. Die Bergraupe hatte den Schrönk mit in die Schlucht gezerrt. Und Billy the Kid war hinterhergesprungen.

Polly, Mini, die Kampfwindel Jimbo und ich: Wir mussten etwas tun. Zuallererst: runter von diesem Ast. Das war gar nicht so einfach, aber wir schafften es. Fragt bloß nicht, wie! Indem wir waghalsig die Felswand entlang kletterten. Wir zogen das Lasso hoch, das Billy the Kid an Rosas Sattel festgemacht hatte. Aber da hing kein Billy the Kid dran. Und auch kein Schrönk. Da war einfach nur – *nichts* …

„Billyyyyyyy! Schröööööönk!“, riefen wir in die Tiefe.

Keine Antwort.

Verloren! Für immer verloren! Wir konnten die Tränen nicht länger zurückhalten. Dieser Schmerz, wenn man seine Freunde verliert! Was tun? Zu den Strumpfnasen? Vielleicht würden die uns ja helfen, nach Billy und dem Schrönk zu suchen. Das war unsere letzte Hoffnung. Doch dafür mussten wir erst mal raus aus dem Berglabyrinth.

Walle Kralle! War das ein Gesuche, ehe wir den richtigen Ausgang gefunden hatten. Rund achtundvierzig Mal verliefen wir uns. Gelangten an Stellen, an denen wir schon mal gewesen waren. Nach einigen Stunden hatten wir Glück und erwischten den Ausgang, der genau aufs Hochland führte.

Mann, war das vielleicht irre kalt hier oben. Überall lag so weißes Zeug, das wir noch nie gesehen hatten.

„Ist das Schnee?“, fragte Polly. „Das muss Schnee sein!“

„Brrr!“, bibberte ich.

„Saukalt!“

Gern hätten wir Pelzmäntel getragen über unseren Pelzen. Gegen die Kälte.

Wir stiegen auf Rosa und ritten los. Polly vorn, ich hinten, Mini und Jimbo in der Mitte. Noch keine zweihundert Meter hatten wir zurückgelegt, immer am steilen Rand des Hochlands entlang, da hörten wir ein Summen. Vom Abgrund her.

Das Geräusch stammte von den Propellern eines Hubschraubers!

Der Hubschrauber tauchte neben uns auf, direkt aus dem Abgrund. Die Propeller waren aber keine gewöhnlichen Propeller, sondern lange, schlaksige Arme! Und der Hubschrauber war auch kein gewöhnlicher Hubschrauber, sondern der Schrönk persönlich! Und an ihn geklammert niemand anderer als Billy the Kid! Sie landeten nicht weit entfernt von uns. Wir eilten sofort hin!

„Schrönk! Billy!“, riefen wir überglücklich.

Die beiden waren ganz außer Atem, nass und schmutzig.

Billy the Kid wimmerte vor Schmerzen: „Mein Bein! Mein Bein! Es ist gebrochen!“

Dieses Mal musste ich nicht mal rennen, um auf die Idee zu

kommen, Billys großes Messer als Schiene zu benutzen. Und mit dem Lasso zu umwickeln. Kurze Zeit später war Billys Bein versorgt und es ging ihm schon besser.

Polly hatte inzwischen den Schrönk genau untersucht. Der hatte nicht so viel abbekommen, nur ein paar Schrammen und Beulen. Mehr nicht. Zum Glück!

Und dann ... ja, dann ... dann mussten die beiden erzählen, was sie erlebt hatten. Wir machten ein Lagerfeuer und lauschten aufgeregt.

Der Schrönk, Billy the Kid und Rosa hatten tatsächlich geschoben. Der Schrönk die Raupe. Billy den Schrönk. Und Rosa Billy. Mit vereinten Kräften. Stück für Stück. Bis die Raupe endlich fiel. Stürzte! Kopfüber! Billy jubelte. Rosa wieherte. Aber der Schrönk pappte am Hintern der Raupe fest. Und wurde in die Tiefe gerissen!

Die Bergraupe und der Schrönk platschten in den Grauenhaften Grubentümpel, wie Billy the Kid ihn nannte.

Der Schrönk kann zwar viel, aber schwimmen? Nein! Mühsam hielt er sich an der Oberfläche.

Da sprang von oben Billy the Kid herab. Weil das Lasso zu kurz war, musste er es loslassen – und krachte genau auf den dicken Schädel der Bergraupe. Dabei brach er sich sein rechtes Bein. Das tat sauweh! Doch Billy biss die Zähne zusammen, warf sich ins Wasser und schwamm zum Schrönk.

„Halt dich an mir fest!“, rief Billy.

Und der Schrönk tat es.

Bis hierhin lief alles noch ganz okay, aber die Bergraupe war für jede Überraschung gut: Das fette Vieh konnte schwimmen! Verflixte Raupensau! Sie schwamm – was sonst? – direkt auf den Schrönk und Billy the Kid zu. Nun wäre die Geschichte hier zu Ende. Wenn nicht …

Tja, Leute, was soll ich sagen? Manchmal ist es toll, wenn man etwas Gutes tut im Leben. Einfach so. Aus Freundlichkeit. Ohne jeden Hintergedanken. Das kommt oft zu einem zurück. Wir hatten doch den Klapperkrokodilen geholfen. Ihnen Zähne eingesetzt. Okay, sie hatten sich nicht gerade dankbar gezeigt und uns beinahe gefressen. Aber jetzt tauchten sie plötzlich auf.

Ihre neuen Zähne blitzten im Wasser. Die Augen leuchteten gierig. Aber! Die Gier der Krokodile richtete sich nicht auf den Schrönk! Nicht auf Billy the Kid! Sondern auf die Bergraupe! Denn die war ja auch wirklich der fettere Mittagshappen.

Und die Raupe? Allein gegen zehn Krokodile? Das war zu viel für sie. Sie drehte sich um und ergriff die Flucht. Die zehn Krokodile gleich hinter ihr her!

Billy schwamm zum Ufer, den Schrönk im Schlepptau. Die beiden mussten sich erst mal erholen. Aber noch ehe sie siebzig Mal hätten einatmen können, kam die Raupe schon zurück. Und zwar in Begleitung der Krokodile. Vor, hinter und neben ihr schwammen die grünen Viecher.

Der Schrönk und Billy kletterten schnell auf einen Baum in der Nähe. Schwerfällig kroch die Bergraupe aus dem Tümpel. Die Krokodile hielten die Raupe in Schach. Und die Raupe heulte Rotz und Wasser: Sie war jetzt eine Gefangene der Krokodile! Nur langsam ging es voran.

Als die Prozession aus Riesenraupe und Krokodilen unter dem Baum vorbeizog, auf dem der Schrönk und Billy the Kid saßen, rief Billy dem letzten der Krokodile zu: „Was ist denn los? Wo bringt ihr die Raupe hin?"

Alter Häuptling Graue Grütze! Ich muss schon sagen: Unser Cowboyfreund ist vielleicht neugierig!

Das Krokodil schaute überrascht nach oben. Und antwortete: „Ach, ihr! Soso! Seit ihr uns die Zähne eingesetzt habt, haben wir aufgehört zu heulen. Wir haben keinen Grund mehr, Tränen zu vergießen!"

„Na, das ist doch toll!", sagte Billy the Kid.

„Dachten wir auch. Dann haben wir aber gemerkt, dass das Wasser im Tränenfluss versiegt. Plötzlich saßen wir auf dem Trockenen! Ohne unsere Tränen – kein Wasser. Deshalb sind wir in den Grubentümpel ausgewandert. Aber der ist zu klein für uns. Wir brauchen den Fluss! Und da haben wir gedacht: Statt die fette Raupe zu fressen, lassen wir das Ungeheuer für uns heulen. Die Bergraupe muss acht Stunden am Tag weinen, damit wir genügend Wasser haben. Wenn sie das schafft, verschonen wir sie und fressen sie nicht auf."

„Ziemlich gemein!", rief der Schrönk.

„So wird aus dem Ungeheuer ein Ungeheuler!", lachte das Krokodil und klapperte mit den Zähnen. Dann verschwanden die Klapperkrokodile und die Raupe in Richtung Tränenfluss.

Walle-Wacke-Wahnsinn! Und Billy the Kid flog mit dem Schrönk-Hubschrauber zum Hochland. Mit Ach und Krach und letzter Kraft schafften sie es! Puh!

„Mensch, Schrönk!“, rief Polly. „Jetzt bist du schon ein Walle-Wacke-Flohzirkusdirektor-Riesenmurmel-Pferd-Trampolin-Schranken-Bagger-Mathematikgenie-Hubschrauber-Misonkämpfer-Bergraupenstoßer!“

Klicke Klacke! Klapperkracke!

Alte Hacke! Billy Backe!

7

Tohuwabohu, Zeltstadt der Strumpfnasen

Wir waren kurz vor dem Ziel! Im Hochland. Nahe der Heimat der Strumpfnasen. Bald würden wir Tabanaka Strumpfloch endlich fragen können, wo Mini Murmel herkam.

Eins aber verstanden wir einfach nicht: Wieso lag hier überall Schnee? Bei uns auf den Murmelwiesen herrschte schon längst Sommer!

Wir stemmten uns der Kälte entgegen. Der Wind wirbelte Schneeflocken auf, sodass wir kaum etwas sehen konnten.

Plötzlich erscholl eine Stimme: „Halt!"

Wir blickten hoch.

Vor uns stand eine echte Strumpfnase. Dick eingemummelt in Bärenfellmantel, Schneehasenschuhe, Wolfshautfäustlinge, Rote-Bete-Mütze, Baumwollschal, Blätterteighose und weißer Schneeeulenbrille. Die Strumpfnase hielt einen Speer fest in der Faust.

Woher wir wussten, dass es sich um eine Strumpfnase handelte? Neben all seinen warmen Klamotten trug der Kerl auch

noch einen Strumpf über der Nase! Einen schwarzen Wollstrumpf, der ihm bis zur Brust reichte.

Die Strumpfnase hüpfte einmal kurz in die Höhe.

„Wo wollt ihr hin?“, fragte sie uns.

„Zu Tabanaka Strumpfloch“, antwortete der Schrönk, „dem weisen Medizinmann der Strumpfnasen.“

„Was wollt ihr von ihm?“, fragte der Krieger und hüpfte noch einmal hoch.

„Wir bringen Mini Murmel!“, sagte ich.

Jetzt fiel der Blick der Strumpfnase auf das Murmeltierbaby. Der Krieger nahm die Schneeeulenbrille ab, begutachtete Mini, nickte und sagte: „Folgt mir!“

Während wir hinter der hüpfenden Strumpfnase durch den Schnee stiefelten, fragte der Schrönk: „Sag mal, wieso ist denn jetzt Winter hier oben?“

Der Strumpfnasenkrieger entgegnete feierlich: „Wenn unten im Flachland Sommer herrscht, so erheben sich bei uns im Hochland die Eiswinde und tragen Schnee übers Land. Wenn sich im Flachland dagegen die Welt ins Winterkleid hüllt, so

brüllt bei uns im Hochland die Sonne so unerbittlich vom Himmel wie ein Mison."

„Also alles genau umgekehrt", sagte ich.

„So ist es. Doch die Sommer im Hochland sind so heiß und trocken, dass wir alle jämmerlich verdursten würden", fuhr der Krieger fort, „wenn es nicht unseren weisen Häuptling gäbe, den Medizinmann Tabanaka Strumpfloch!"

„Ehrlich? Wieso?"

„Er ist der einzige Regenmacher im Walle-Wacke-Land. Wenn er im Sommer keinen Regen vom Himmel zaubern würde, so könnten wir nicht überleben. Denn dann hätten wir kein Wasser." Der Krieger hüpfte weiter. „Voran!", rief er über die Schulter. „Wir müssen raus aus der Kälte!"

Wir folgten ihm. Bibbernd und zitternd. Nach einiger Zeit erreichten wir das Ziel. Alter Häuptling Stopf-das-Loch! Die Strumpfnasen lebten, wie wir jetzt sahen, alle gemeinsam in einem riesigen Zelt. Zigmal so groß wie ein Zirkuszelt.

„Willkommen in Tohuwabohu!", sagte die Strumpfnase.

„Bitte wo?", fragte ich.

„In Tohuwabohu. Der Heimat der Strumpfnasen."

Wir staunten nicht schlecht, als der Krieger uns an zwei Wachtposten vorbei durch den Eingang ins Innere der Zeltstadt führte. Denn dort, im Zelt, da ging es wahrlich drunter und drüber. Zwischen Kaminfeuern saßen Strumpfnasen, aßen, tranken, spielten Karten, würfelten. Manche schliefen, manche turnten, manche sangen. Andere malten Bilder, wieder andere kochten und wieder andere hüpften zu den Toilettenhäuschen. Einige schnitzten. Ein paar stritten sich. Und zwischendurch hüpften alle immer wieder kurz hoch. Billy the Kid hatte Recht, wenn er die Strumpfnasen als Hüpfwesen bezeichnete.

Durch die Feuer herrschte eine angenehme Wärme in der Zeltstadt und die Strumpfnasen waren nicht so dick vermummt wie der Krieger, der uns hergeführt hatte. Sie trugen leichte Kleidung, aber alle hatten sie schwarze Strümpfe über ihre Nasen gestülpt. Manche länger, manche kürzer.

Unser Krieger zog seinen Mantel aus und reichte ihn den Garderoben-Strumpfnasen.

PIPPI
LANG-
STRUMPF
RED SOX
RED SOX

Dann führte er uns zu einer weißhaarigen Strumpfnase. Die trug den allerlängsten Strumpf von allen. Der reichte fast bis zum Bauchnabel. Und am Ende hatte der Strumpf ein dickes, fettes Loch. Ein Strumpfloch!

„Hier", flüsterte der Krieger ehrfurchtsvoll, „seht ihr den großen Tabanaka Strumpfloch, unseren Häuptling, den weisen Medizinmann und Regenmacher, unser aller Retter in der Not."

Er verbeugte sich andächtig. Wir natürlich auch, Leute!

Tabanaka erhob sich, hüpfte langsam auf Mini zu, schaute ihm in die Augen, tätschelte ihn und strahlte.

„Willkommen!“, rief er sodann. „Willkommen, kleines Rotschopfmurmeltier!“

„Rotschopfmurmeltier?“, fragte ich.

„Jaja. Wir Strumpfnasen pflegen seit jeher eine innige Freundschaft zu den Rotschopfmurmeltieren.“

Mini war also kein gewöhnliches Murmeltier. Sondern ein Rotschopfmurmeltier! Genau so sah er eigentlich auch aus.

„Und wie ist dein Name?“, fragte Tabanaka.

„Mini Murmel!“, verkündete Mini.

„Mini Murmel“, murmelte Tabanaka langsam. „Das habe ich mir gedacht. Dein Vater ist Maxi Murmel! Du siehst jedenfalls rotschopfgenauso aus wie dein Vater!“

„Papa nix Billy? Papa Maxi?“, flüsterte Mini atemlos.

„Ja, Maxi Murmel ist nicht nur dein Vater. Er ist auch ein guter Freund von mir! Aber jetzt erzählt schon: Wie ist Mini Murmel denn überhaupt zu euch gekommen?“

Wir berichteten Tabanaka von dem Luftpostballon und dem Brief, in dem stand, dass wir das Ei zu ihm, Tabanaka, bringen sollten. Tabanaka schwieg und strich sich nachdenklich über den Strumpf.

Dann sagte er: „Ihr habt weise gehandelt. Einen solchen Ballon verschickt ein Rotschopfmurmeltier nur, wenn es sich in äußerster Gefahr befindet. Maxi wollte seinen Sohn unbedingt beschützen. Vor etwas sehr, sehr Gefährlichem. Das bedeutet aber, dass sich Maxi ebenfalls in Gefahr befindet!" Tabanaka zögerte kurz. „Die Rotschopfmurmeltiere leben weit im Westen. Auf einer kleinen Insel. Im Monstermeer."

„Im Monstermeer?", fragte Polly und schüttelte sich.

„Genau. Am besten frage ich sie einfach, was passiert ist!", sagte Tabanaka.

„Was? Wen? Wie?", rief ich. „Ich denke, sie leben weit im Westen!"

„Ich kann mit ihnen Kontakt aufnehmen. Trommunikation!"

„Was?"

„Ihr müsst wissen, der Klang meiner Trommeln reicht bis in die Ferne. Wenn die Rotschopfmurmeltiere meine Trommeln hören, antworten sie sofort. Das geht schnell wie der Wind."

Mannomacke!

Tabanaka hüpfte zu einer Leiter und zog sich hoch. Wir folgten ihm bis unter die Kuppel der Zeltstadt. Dort befand sich auf einer großen Plattform eine Trommelorgel mit Trommeln in allen Farben und Formen.

Zwei Strumpfnasen öffneten eine Klappe im Zeltdach. Dann trommelte Tabanaka Strumpfloch los. Laute, wilde Klänge sammelten sich in der Luft und schwebten Richtung Westen. Dazu sang er seltsam anmutende Formeln:

„Komm Tele,
komm Tele,
Voodoo Fooon,
E und Plus und
eins und eins –
Ooooooo Tuuuuuu.“

Wir hatten keine Ahnung, was das bedeutete. Nachdem Tabanaka fünf Minuten lang getrommelt und gesungen hatte, lauschte er auf eine Antwort. Doch es kam nichts.

Tabanaka schüttelte den Kopf. „Die Rotschopfmurmeltiere antworten sonst immer. Wenn sie nicht antworten, heißt das: Sie sind nicht mehr auf ihrer Insel. Kein gutes Zeichen."

„Und jetzt?", fragte Billy the Kid.

„Wir müssen ihnen helfen!", sagte der Schrönk. „Wir müssen zum Monstermeer!"

„Klingt gefährlich", sagte Polly.

„Ach was!", rief ich entschlossen. „Monster hin, Monster her. Wir reiten los! Mini, wir bringen dich zurück nach Hause!"

„Und helfen deinem Vater!", rief der Schrönk.

„Und allen Rotschopfmurmeltieren!"

„Alte Hacke!", rief Polly.

„Yi-hah!", johlte Billy the Kid.

„Mullimulli, schnullischnulli!", keckerte Mini Murmel.

„Hatschiflatschi! Monsterklatschi?", murmelte Jimbo.

Und Rosa wieherte.

Wir waren bereit für ein weiteres Abenteuer!

Uff uff!

Durch die Berge, über Wiesen!

Gegen Löwen, gegen Riesen!

Misons, Raupen, Krokodile!

Fiese Viecher gibt es viele!

Ohne Angst, mit alter Hacke!

Polly, Schrönk und Billy Backe!

REISEWARNUNG
Bitte beachten: Schreckhafte Personen wie Angsthasen und Zitteraale sollten diese Gegend meiden. Wir empfehlen stattdessen die Pinguinpfütze!
Checkliste
· Mini Murmel
· Maximaler Mut
· Badesachen

Teil II

Billy Backe und das Monstermeer

1

Der böse Zauber kommt per Post

Da waren wir, in Tohuwabohu, der Zeltstadt der Strumpfnasen: Polly Posthörnchen, der Schrönk, Billy the Kid, Zwergpferd Rosa, Mini Murmel, die Kampfwindel Jimbo und ich, Billy Backe. Tabanaka Strumpfloch, Medizinmann und Häuptling der Strumpfnasen, hatte Minis Geheimnis gelüftet: Mini war ein Rotschopfmurmeltier. Minis Vater, Maxi Murmel, und seine ganze Familie lebten auf einer Insel im Monstermeer.

„Die Insel liegt zwar im Meer", sagte Tabanaka nun, „aber dicht beim Strand. Sie ist durch eine lebende Brücke mit dem Festland verbunden."

„Lebi Brücki?", rief Mini.

„Ja. Die Brücke heißt Hicks. Sie hat ständig Schluckauf. Das macht es schwer, sie zu überqueren. Aber die Brücke Hicks beschützt die Rotschopfmurmeltiere seit ewigen Zeiten vor den Monstern im Monstermeer."

Auf Tabanakas Trommeln hatten die Rotschopfmurmeltiere nicht geantwortet. Das bedeutete nichts Gutes! Wir beschlossen, zum Monstermeer aufzubrechen, um herauszufinden, was Minis Vater und seinen Rotschopfmurmeltieren zugestoßen war, und um ihnen zu helfen, wenn sie Hilfe bräuchten.

Doch dann …

Dann geschah etwas furchtbar Fürchterliches!

Polly war die ganze Zeit von einem Fuß auf den zweiten gesprungen, so als müsse sie dringend aufs Klo. In Wahrheit aber lag ihr etwas anderes auf dem Herzen: der Brief! Der Brief von Falsche Schlange, dem Häuptling der Tollpatschen. Wisst ihr noch? Er hatte ihn uns mitgegeben. Für Tabanaka! Den Brief hatte ich längst vergessen. Polly nicht! Schließlich war sie das beste Posthörnchen im ganzen Walle-Wacke-Land! Und das einzige. Jetzt konnte sie einfach nicht länger warten und zog den Brief aus dem Postsack.

„Ein Brief!“, rief sie. „Ich habe einen Brief für dich, Tabanaka!“

„Einen Brief?“, rief Tabanaka. „Ich habe noch nie einen Brief bekommen!“

Freudig griff der Häuptling nach dem Brief und riss ihn auf. Dann aber hüstelte er und sagte: „Oh, ich kann ja gar nicht lesen.“

Na toll! Regen machen und trommeln, das konnte er. Aber lesen? Nö!

Er sagte: „Könntest du so nett sein und mir den Brief vorlesen, Polly?“

Polly strahlte.
Und dann las sie laut und fröhlich die folgenden Worte vor:

Tabanaka, wasch die Ohren,
hörst du dies, bist du verloren.
Ich verzaub're dich für immer
und mein Zauber ist ein schlimmer:
Du wirst nie mehr Regen machen,
Sonnenschein wird ewig lachen.
Wasser gibt's nicht mehr für euch
und für alles, was da fleucht –
trockne Dürre, Tabanaka!
ABRAKA und BRAKADABRA!

Tabanaka sank bleich auf seinen Stuhl.

„Was ist das?“, flüsterte er. „Wer … Von wem stammt dieser Brief?“

„Von deinem Freund“, sagte Polly. „Dem Häuptling der Tollpatschen!“

„Was? Von Falsche Schlange?“

„Ja“, antwortete ich. „Er ist doch dein Freund, oder?“

„Nein! Er ist mein Erzfeind! Wehe uns, wir sind verloren! Falsche Schlange ist wirklich eine falsche Schlange!“

„Dann hat er uns reingelegt“, sagte Billy the Kid.

„Beim Regenmachertanz!“, stöhnte Tabanaka. „Ich hätte den Brief nie öffnen dürfen. Einmal geöffnet, kann man dem Zauber eines Zauberbriefs nicht mehr entrinnen!“

„Ein Zauberbrief?“, rief Polly.

„Was für ein Zauber denn?“, fragte ich.

Tabanaka erklärte es uns: Im Sommer knallt die Sonne so heiß auf das Hochland, dass sie alles Wasser wegschlürft, in null Komma Pfütz. Die Strumpfnasen können im Sommer nur überleben, weil Tabanaka Regen machen kann. Mit seinem Regentanz.

Doch jetzt hatte Häuptling Falsche Schlange unseren Tabanaka Strumpfloch verzaubert: Sein Regentanz würde nicht mehr funktionieren!

Polly rief: „Wartet! Im Brief steht noch mehr!“ Hastig las sie weiter, was Häuptling Falsche Schlange geschrieben hatte:

Mein Zauber wird nur dann gebrochen –
hoho, du wirst vor Wut gleich kochen –,
wenn durch die Lüfte fliegt ein Rochen
und der muss auch noch heißen: JOCHEN.

Fliegen muss es, dieses Vieh,

über eure Hochprärie,
über euer Zelt hinweg –
jetzt kriegst du 'nen Riesenschreck:
Diesen Fisch, den gibt es nicht –
hach! Ich bin ein fieser Wicht!
Du wirst *nie* mehr Regen machen.
Tabanaka! Hör' mein Lachen!

Und schon ertönte aus dem Briefumschlag ein hässliches „Harharhar!“ und ein giftig-gelber Dampf zwirbelte sich in die Luft. Vor Schreck ließ Polly Brief und Umschlag fallen.

„Was hat das jetzt wieder zu bedeuten?“, fragte ich.

„Ich bin verzaubert! Verflucht!“, rief Tabanaka verzweifelt. „Ich kann keinen Regen mehr machen. Es sei denn, ein Rochen namens Jochen fliegt über unsere Zeltstadt. Das ist unmöglich! Fliegende Rochen gibt es nicht!“

„Sauerei!“, rief Polly. „Was für ein gemeiner Zauber!“

„So eine falsche Schlange!“, zischte ich.

„Was glaubt ihr denn, warum Häuptling Falsche Schlange Falsche Schlange heißt?“, rief Tabanaka.

Stimmt, da hätten wir auch selber drauf kommen können.

„Wieso tut Falsche Schlange so was?“, fragte Billy the Kid.

„Seit jeher“, erklärte Tabanaka, „sind die Tollpatschen und die Strumpfnasen erbitterte Feinde. Zum Glück können die Tollpatschen nicht zu uns ins Hochland. Wir hätten kaum eine Chance gegen ihre unberechenbaren Kampfkünste!“

„Wieso können sie denn nicht zu euch?“, fragte der Schrönk.

„Wegen der Bergraupe! Die Tollpatschen kommen nicht an ihr vorbei. Die Bergraupe hindert sie daran, uns anzugreifen! Sie ist unser Glücksbringer.“

Polly, der Schrönk, Billy the Kid, Mini und ich schauten uns an. Auch das noch! Die Bergraupe! Die der Schrönk und Billy the Kid in den Abgrund gestoßen hatten! Und die danach von den Klapperkrokodilen entführt worden war!

Na toll!

Jemand von uns musste es Tabanaka sagen.

Polly schaute nach oben.

Billy the Kid hustete verlegen.

Der Schrönk tapste von einem Bein aufs andere.

Mini sagte: „Mistiwisti!“

Also musste ich wohl die schlechte Nachricht überbringen.

„Ich glaube, wir müssen dir etwas gestehen“, fing ich an.

„Was denn noch?“, seufzte der Medizinmann.

„Na ja, wie soll ich … Also, die Bergraupe …“

„Ach!“, rief Tabanaka. „Da fällt mir ein: Wie seid *ihr* denn überhaupt an der Raupe vorbeigekommen?“

„Wir haben sie … überlistet“, sagte Polly.

„Überlistet! Wahnsinn! Und wie?“

„Na ja, sie ist, also, die Bergraupe … Wir haben sie … in einen Abgrund gestoßen“, flüsterte ich.

„Abgrund? Gestoßen?“, rief Tabanaka. Der Strumpf auf seiner Nase zitterte vor Aufregung. „Sie ist doch nicht etwa an den Felsen zerschellt?“

„Nein, nein, sie ist ins Wasser gestürzt!“

„Ins Wasser? In welches Wasser?“

„In den Grauenhaften Grubentümpel.“

„In den Grauenhaften Grubentümpel? Das ist gut, da hat sie keine natürlichen Feinde.“

„Na ja, bis auf die Krokodile …“

„Was für Krokodile denn?!“

„Die Klapperkrokodile aus dem Tränenfluss!“

„Die Klapperkrokodile aus dem Tränenfluss? Regengott sei Dank! Die haben keine Zähne. Da haben wir noch mal Glück gehabt! Die Raupe ist inzwischen bestimmt wieder zurück in ihr Labyrinth gekrochen …“

„Äh … ich fürchte … die Klapperkrokodile … Sie hatten doch … Zähne.“

„Wieso denn das?“, rief Tabanaka.

„Wir haben ihnen welche ins Maul geklebt.“

„Ihr … habt … was!?“

„Und die Bergraupe … Sie wurde von den Klapperkrokodilen entführt … in den Tränenfluss …“

Tabanaka schnellte erregt in die Höhe.

„Verloren!“, rief er. „Wir sind verloren! Ohne Bergraupe können die Tollpatschen jederzeit zu uns kommen. Durch die Klingelnden Berge! Nach Tohuwabohu!“

„Warum heißen denn die Klingelnden Berge eigentlich Klingelnde Berge?“, flötete Polly.

Aber Tabanaka beachtete die Frage nicht. Er hüpfte auf und ab und raufte sich die Haare. „Was soll ich bloß tun? Mein Volk! Verloren! Die Tollpatschen im Nacken! Kein Regen im Sommer!“

Tabanaka tat mir furchtbar leid. Und alles unseretwegen.

Also gut: Ich brauchte eine Idee! Schnell rannte ich ein paar Mal im Kreis durch das riesige Tohuwabohu-Zelt. Und kehrte freudestrahlend zurück.

„Ich hab's!", rief ich. „Die Lösung!"

Ich ging zu Mini Murmel. „Hör mal, Mini. Ist ja klar, dass wir dich nach Hause bringen. Zum Monstermeer. Aber meinst du, wir könnten Jimbo hierlassen?"

„Mei Kampfwindel?"

„Ja, du bist doch jetzt alt genug und brauchst keine Windel mehr!"

Mini schaute an sich herunter. Er dachte nach. Dann nickte er und rief: „Entiwicki! Hokus, nix Po-Kuss!" Im Nu hüpfte Jimbo von Minis Hintern und sprang Tabanaka vor die Füße.

„Was ist das denn?", fragte der Medizinmann.

„Das ist Jimbo, eine Kampfwindel!", sagte Billy the Kid.

Wir erzählten von unserer Begegnung mit den Tollpatschen. Und wie Jimbo sämtliche Krieger besiegt hatte.

„Uff uff!", riefen die Strumpfnasen im Chor. „Die Windel allein hat alle Tollpatschen besiegt? Aber wie?"

Mini sagte zu Jimbo: „Hatschiklatschi?"

„Hatschiklatschi!“, murmelte Jimbo und hieb mit einem Schlag zwei Ziegelsteine durch. Um zu zeigen, was er so draufhatte. Die Begeisterung war groß.

So fand alles noch ein halbwegs gutes Ende. Besser gesagt: einen halbwegs guten Anfang.

Wir einigten uns auf folgenden Plan:

1. Jimbo bleibt mit den Strumpfnasen in Tohuwabohu. Er würde den Kriegern helfen, falls die Tollpatschen angreifen sollten.
2. Unseren Freund Billy the Kid lassen wir ebenfalls zurück, damit er sein gebrochenes Bein schonen kann.
3. Während wir unterwegs sind, überlegt sich Tabanaka Strumpfloch, wie er im Sommer an Wasser kommt, damit die Strumpfnasen nicht verdursten.
4. Polly, der Schrönk, Rosa und ich bringen Mini Murmel nach Hause zum Monstermeer und helfen Minis Vater Maxi und den Rotschopfmurmeltieren.

Ohne Cowboy, ohne Windel!
Allein jetzt im Gefahrenschwindel!
Mini Murmel an der Backe!
Walle Wacke! Alte Hacke!

2

Durch die Rätselwüste zum Monstermeer

Wenn ihr denkt, dass wir bis hierhin schon ganz schön viel erlebt hatten, dann solltet ihr mal hören, was noch vor uns lag, Freunde! Tief Luft holen! Springen! Tauchen! Hoppla-di-hoppel! Ach so, genau: tauchen! Hab ich gar nicht erzählt! Ehe wir losritten, fragte Tabanaka uns noch, ob wir schwimmen können.

Wir schüttelten die Köpfe.

„Es kann sein, dass die Rotschopfmurmeltiere ins Monstermeer verschleppt worden sind“, sagte der Medizinmann. „Von einem der Monster, die dort leben. Dann müsst ihr raus aufs Meer. Um sie zu retten! Weil ihr nicht schwimmen könnt, schenke ich euch Taucheranzüge!“

„Tauchi Tauchi?“, fragte Mini.

„Ja. Taucheranzüge, mit denen ihr tauchen könnt.“

„Na, das klingt saulogisch!“, kicherte Polly.

„Ihr könnt damit nicht nur unter Wasser atmen, sondern auch unter Wasser sprechen. Miteinander.“

Wahnsinn!

Was diese Strumpfnasen alles besaßen, das war schon irre!

Wir spannten Rosa vor einen kleinen Wagen, luden die Taucheranzüge auf und packten noch massenhaft Proviant dazu.

Und dann konnte es losgehen.

Die Strumpfnasen brachten uns nach Westen. Zum Großen Abhang, wie sie sagten.

Dort angekommen, schwindelte uns ungeheuerlich. Das ging steil nach unten. Und es gab nur einen Weg hinab: eine Ringelrutsche! Vom hohen Hochland ins flache Flachland.

Wir verabschiedeten uns und versprachen den Strumpfnasen, so schnell wie möglich wiederzukommen.

Dann sprangen wir in die Rutsche.

Alter Häuptling Saus-und-Braus!

Walle-wahnsinnig lustig war das!

Wir wurden immer schneller.

Und schneller!

UND SCHNELLER!!

Unten schossen wir aus der Rutsche heraus und landeten holpernd auf dem Hosenboden, am Rand einer gelbsandigen Wüste. Endlich war es wieder herrlich warm!

Wir standen auf, schauten uns um – und erblickten in der Nähe zwei Vögel, die unaufhörlich auf- und abflatterten.

„Was sind das denn für komische Vögel?“, rief der Schrönk.

„Sehen aus wie Fasane!“, sagte Polly.

Tatsächlich! Zwei Fasane. Sie plapperten die ganze Zeit. Unglaublich schnell und beide durcheinander. Keine Chance, da auch nur ein Wort zu verstehen!

„Mini, verstehst du die?“

„Nö“, sagte Mini.

„Ich dachte, du kannst so viele Sprachen?“

„Walisisch. Finnisch auch. Nix Fasanisch!“

Wir mussten dafür sorgen, dass nur einer der Fasane sprach. Also schnappte sich der Schrönk den dickeren der beiden und hielt ihm den Schnabel zu. Gute Idee!

Jetzt, wo nur noch einer von ihnen redete, verstanden wir endlich, was der quasselnde Fasan von sich gab.

„Willkommen in der Rätselwüste“, sagte er und verbeugte sich. „Wir zwei heißen Schnatter und Plapper. Wir sind die Faselfasane und sagen euch, wie ihr durch die Rätselwüste kommt. Wie der Name schon sagt, schafft ihr es nur, wenn ihr ein Rätsel löst.“

Na toll, dachte ich. Wäre ja auch zu leicht gewesen, hier einfach so durchzuspazieren. Also bitte. Walle Wacke!

Der Faselfasan schlug mit den Flügeln und sang:

„Die Rätselwüste heißt Das Viel.
Das Viel ist schon das ganze Ziel.
Wenn ihr die Wüste wollt verlassen,
dann müsst ihr selber euch verlassen."

„Hä?", machte Polly. „Was? Hat das jemand kapiert?"

„Nö", sagte ich. „Mein lieber Faselfasan: Könntest du das vielleicht etwas genauer erklären?"

Doch der Faselfasan sagte jetzt nichts mehr. Der zweite Fasan befreite sich flatternd, beide krähten, flogen hoch und ließen uns allein. Na prima!

„Wie ging der Spruch noch mal?", fragte ich.

„Wenn ihr die Wüste wollt verlassen, dann müsst ihr selber euch verlassen", wiederholte der Schrönk.

„Was könnte das bedeuten?"

„Keine Ahnung", seufzte Polly.

Weil wir nicht weiterwussten, sagte der Schrönk: „Dann versuchen wir doch erst mal, einfach so durch die Wüste zu gehen. Oder? Mal schauen, was passiert!"

Wir nickten.

Walle-Walle-Fasel-Falle! Wir kamen keinen Minimeter voran! Bei jedem Schritt wehte uns ein ungeheurer Wind entgegen. Wir setzten zwar eine Pfote vor die andere, kamen aber nicht von der Stelle. So ein Mist! Und jetzt?

Wir mussten nachdenken. Und das Rätsel lösen. Die Wüste

hieß Das Viel? Das Viel. Das Viel. Keine Ahnung, Leute. Müsst ihr selber euch verlassen. Verlassen. Verlassen. Verlassen!

„Ha!“, rief der Schrönk. „Vielleicht klappt es nur, wenn wir uns wortwörtlich verlassen! Jeder muss allein gehen, ohne die anderen.“

„Hört sich gut an. Probieren wir's!“, rief Polly.

Mini blieb, wo er war. Wir anderen gingen nach rechts. Einer nach dem anderen blieb nach einer Weile stehen. Erst Polly. Dann Rosa. Dann der Schrönk. Dann ich. Jetzt war jeder allein. Wir hatten uns verlassen. Das fühlte sich wirklich traurig an.

In dem Augenblick, in dem ich den Schrönk nicht mehr sehen konnte, drehte ich mich zur Wüste. Jetzt musste es doch klappen!

Aber Pustekuchen! Der Wind war sogar noch stärker geworden. Keinen einzigen Schritt kam ich voran! Verflixt!

Es half nichts. Nach ein paar Minuten kehrte ich wieder um. Immer am Rand der Wüste entlang. Sammelte meine Freunde ein. Erst den Schrönk. Dann Rosa. Dann Polly. Dann Mini. Auch ihnen war es nicht gelungen, einen einzigen Schritt in die Wüste zu tun. Jetzt waren wir so klug wie zuvor. Es blieb nur noch eins: Ich musste rennen. Eine Idee, eine Idee!

Also rannte ich am Rand der Wüste hin und her. Der Staub stieg mir in die Nase. Und ich dachte: verlassen! Verlassen! Es muss doch eine Lösung geben! Verlassen! Das müsste … Moment! Das könnte … Ja! Versuchen wir's!

„Freunde!", rief ich. „Ich hab eine Idee."

„Was denn?", fragte Polly neugierig.

„Verlassen: Das kann auch bedeuten, dass wir uns aufeinander verlassen müssen. Wie Freunde! Echte Freunde! Und das sind wir doch! Ein Freund ist nur ein Freund, wenn man sich auf ihn verlassen kann. Wenn er immer für den anderen da ist!"

„Ja, und? Was bedeutet das jetzt?", fragte Polly.

„Dass wir nicht allein durch die Wüste kommen, sondern nur gemeinsam! Alle zusammen! Diesmal wirklich zusammen!"

Gesagt – getan! Gewatscht – gefluppt!

Polly, Mini und ich stiegen auf Rosa. Und der bärenstarke Schrönk nahm uns allesamt auf seine Arme.

Alter Häuptling Protzender Muskel! Es funktionierte! Genau das war die Lösung des Rätsels! So ging es voran! Alle auf einmal! Alle zusammen! Der Wind war fort! Schwitzend und keuchend durchquerte der Schrönk die Wüste. Ja, Leute, wir können uns aufeinander verlassen! Wir sind echte Freunde! Wie

hatte der Faselfasan gesagt: „Die Rätselwüste heißt Das Viel. Das Viel ist schon das ganze Ziel!“ Das Viel waren wir: In der Gemeinschaft lag die Kraft!

Yippi-ya-yeah!

Als wir die Wüste durchquert hatten, sprangen wir ab und umarmten uns. Unser Schrönk war ganz schön k. o. Aber das darf man als Walle-Wacke-Flohzirkusdirektor-Riesenmurmel-Pferd-Trampolin-Schranken-Bagger-Mathematikgenie-Hubschrauber-Misonkämpfer-Bergraupenstoßer-Zwergpferdträger auch sein, meint ihr nicht?

Polly sagte nachdenklich: „Komisch, oder? Das Wort *verlassen* bedeutet also zweierlei! Wenn man sagt *jemanden verlassen*, heißt es, man ist allein. Und wenn man sagt *sich auf jemanden verlassen*, bedeutet es das Gegenteil: nicht allein, sondern zusammen!“

Das mussten wir erst mal sacken lassen.

Dann machten wir uns wieder auf den Weg. Eine lange Reise lag vor uns: Den Wald der Verlorenen Taschentücher durchquerten wir, ohne auch nur ein einziges Taschentuch zu verlieren. Weil wir keins dabei hatten, Leute! In der Süßigkeitenschlucht schlugen wir uns ordentlich die Bäuche voll. Im Sumpf der Moorschweine hielten wir uns die Nasen zu. Die Schweine stanken bestialisch, eine Riesensauerei! Und dort, in der Ferne, wippten, kippten und polterten die Kegelhügel. Endlich sahen wir vor uns den Strand des Monstermeers – wir waren am Ziel!

Walle-Wacker! Rätselknacker!

Alter Hacker! Billy Backer!

3

Eine Brücke mit Schluckauf

Wir waren angekommen! Am riesigen Monstermeer. Heimat der Rotschopfmurmeltiere. Wir standen am Strand und blickten in die Ferne. Diese Weite! Bis zum Horizont nichts als Wasser, Wasser und noch mehr Wasser. Sauunheimlich. Wir konnten uns gut vorstellen, dass in den Tiefen dieser Gewässer so manches Monster hauste. Und jetzt? Wohin?

„Da!“, rief Polly aufgeregt und zeigte nach rechts. „Da sind Schiffe!“

Tatsächlich! In einiger Entfernung von uns lagen sieben kleine Segelschiffe vor Anker. Das Seltsame war: Die Schiffe schwammen nicht im Wasser, nein, sie standen auf dem trockenen Sandstrand. Wir liefen hin und sahen, dass die Schiffe Arme und Beine hatten! Und Gesichter auf den Segeln!

Die Schiffe standen dicht beieinander. Hatten sich an den Armbeugen untergehakt. Und schaukelten hin und her. Und her und hin. Dabei sangen sie:

„Wir sind die Schunkelnden Dschunken!
Wir schunkeln nicht gerne im Dunkeln!
'ne Schunkelnde Dschunke, die schunkelt –
die schunkelt viel lieber, wenn's funkelt!"

„Was sind denn Dschunken?", fragte ich den Schrönk.

„Dschunken sind kleine Segelschiffe."

„Und was bedeutet schunkeln?"

„Schunkeln ist das, was die Schiffe da tun. Sie halten sich an den Armen und wippen nach rechts und nach links. Während sie singen! Das nennt man schunkeln!"

Aha. Okay.

„Hey!", rief Polly. „Ihr Schiffe da! Könnt ihr uns hören?"

Die Schiffe verstummten und bogen ihre Segelgesichter ängstlich in unsere Richtung.

„Tut uns nichts!", riefen sie mit zitternden Stimmen.

„Nein, wir tun euch nichts! Wer seid ihr denn?"

Erneut hoben die Schiffe an:

„Wir sind die Schunkelnden Dschunken!
Wir schunkeln nicht gerne im Dunkeln ...“

Sie sangen weiter, sangen und schunkelten. Als wollten sie sich gegenseitig Mut machen.

„Jaja, schon gut! Sagt mal, ihr Schunkelnden Dschunken!“, rief Polly. „Wir müssen hinaus aufs Monstermeer. Kann eine von euch uns mitnehmen? Ihr seid doch Schiffe!“

Die Dschunken schrien aufgeregt durcheinander: „Was? Aufs Monstermeer? Wer? Wir? Seid ihr verrückt? Da wimmelt es von Monstern: Unterwasserspinnen! Riesenkraken! Haiaiaie! Gigantische Urzeitungeheuer! Nein! Nein! Wir setzen keinen Rumpf ins Wasser! Wir sind doch nicht irre! Wir bleiben hier! Am Strand! Wo es sicher ist!“

Und wieder sangen sie:

„Wir sind die Schunkelnden Dschunken!
Wir schunkeln nicht gerne im Dunkeln!
’ne Schunkelnde Dschunke, die schunkelt –
die schunkelt viel lieber, wenn’s funkelt!“

„Wenn’s funkelt?“, fragte Polly.

„Wenn’s hell leuchtet!“, antwortete der Schrönk. „Also, diese Dschunken sind ja ganz schöne Angsthasen.“

„Angstschiffe!“, murmelte ich.

„Zitterschiffe!“, kicherte Polly, aber sie selbst zitterte auch ein wenig, wenn sie aufs Monstermeer blickte.

„Puuh!“, plärrte Mini und hielt sich die Nase zu. „Dschunken! Halunken! Gewunken! Gestunken!“

Die Dschunken beachteten uns nicht mehr und sangen weiter ihr fröhliches Lied. Sie würden uns nicht helfen können.

Wir gingen weiter. Immer am Strand entlang. Und hielten Ausschau nach einer Insel in Ufernähe. Oder einer Brücke, die dorthin führte. Schließlich hatte uns Tabanaka Strumpfloch erklärt, dass die Rotschopfmurmeltiere auf einer Insel im Monstermeer hausen, die durch die lebende Brücke Hicks mit dem Festland verbunden ist. Trödelblöderweise hat die Brücke Hicks ständig Schluckauf, was es nicht ganz einfach macht, sie zu überqueren, denn bei jedem Hicks ruckelt die Brücke und wirft alles ab, was sich auf ihr befindet. Da konnte die gute Brücke nichts gegen machen.

Nach einiger Zeit sahen wir in der Ferne einen Punkt. Je näher wir kamen, umso größer wurde der Punkt. Und entpuppte sich als – Heißluftballon! Aber im Gegensatz zum Riesenhaselnuss-Ei-Ballon, der uns Mini Murmel gebracht hatte, besaß dieser Ballon hier einen echten Korb!

Na bitte! Wir könnten in den Ballon steigen und übers Meer gondeln. Vielleicht würden wir von dort oben die Insel der Rotschopfmurmeltiere erspähen. Und die Brücke Hicks. Das wäre auf jeden Fall besser, als mit Tabanakas Taucheranzügen durchs Meer zu schwimmen. Denn davor graute und grauste uns ganz schön ...

Walle Wacke! Alte Hacke!

Der Ballon war an einem Pflock befestigt und der Korb so groß, dass wir alle darin Platz fanden: Mini, Polly, der Schrönk, Rosa und ich sowie die Taucheranzüge und unser Proviant. Den kleinen Wagen ließen wir am Strand zurück. Wir lösten das Seil vom Pflock, warfen ein paar Sandsäcke über Bord – und los ging's! Wir flogen zwar übers Wasser, blieben aber immer dicht beim Strand.

Nach einer Weile schrie Mini: „Da! Unten! Bracki! Bricki! Brücki! Kuckuck!!"

Tatsächlich! Dort unter uns trieb eine lange, flache Brücke ohne Geländer im Wasser. War das die Brücke namens Hicks? Bestimmt! Aber die Insel? Die Insel der Rotschopfmurmeltiere? Wo war sie? Nichts zu sehen von der Insel! Sehr merkwürdig, das Ganze! Die Brücke war zwar auf der einen Seite am Strand

festgemacht, endete aber auf der anderen Seite einfach so im Wasser. Im Nix! Hicks Hicks!

Wir hatten keine Zeit, uns Gedanken zu machen, denn jetzt geschah mal wieder etwas Schreckliches: Eine Seite des Korbs, in dem wir saßen, bewegte sich. Nein, vielmehr: Sie öffnete sich! Sie verwandelte sich! Sie wurde zu einem Maul! Einem riesigen Maul!

„Haha!“, lachte das Maul. „Ihr habt wohl gedacht, ich bin ein Heißluftballon? Aber das ist nur Tarnung! In Wahrheit bin

ich – ein Beißluftballon! Und ihr sitzt nicht in einem Korb, nein, ihr sitzt in meinem Maulkorb!“ Das Maul schnappte mehrmals auf und zu. „Ich muss beißen! Immerzu beißen! Immerauf und immerzu beißen! Habt ihr was zu essen für mich? Ich hab immer Hunger! Hunger! Ich esse aber nur bestimmte Sachen! Kein Schwarzbrot, kein Weißbrot, kein Graubrot. Nur Rotbrot, Grünbrot und Blaubrot.“

„Aber …“

„Ich esse keine Spiegeleier, höchstens Spiegelwürste. Ich mag Pizza Mathilda, aber keine Pizza Margarita. Ich hasse Rosenkohl, aber Tulpenkohl ist köstlich, oder?“

„Das haben wir nicht!“, rief ich. „Das gibt’s ja auch alles gar nicht! Wir könnten dir etwas von unserem Proviant geben!“

„Was habt ihr denn?“, hechelte der Maulkorb.

„Gurken! Und Tomaten!“

„Bääääääääh!“, rief der Maulkorb. „Zum Kotzen!“

„Oder Kartoffeln! Möhren! Brokkoli!“

„Iiiiiiiiiiiiih! Hört auf! Soll ich mir den Magen verderben? Ich hasse Kartoffeln! Pantoffeln wären gut! Ich gebe euch noch eine letzte Chance: Habt ihr vielleicht Spaghetti Polonaise mit Wüstenrettich und Manfredsilie?“

„Wir haben Meerrettich und Petersilie!“, rief Polly.

„Bääääääh! Nein! Ich will Wüstenrettich und Manfredsilie! Und kommt mir nicht mit Kichererbsen! Ich liebe Lachbohnen und Grinselinsen! Aber keine Kichererbsen! Iiih!“

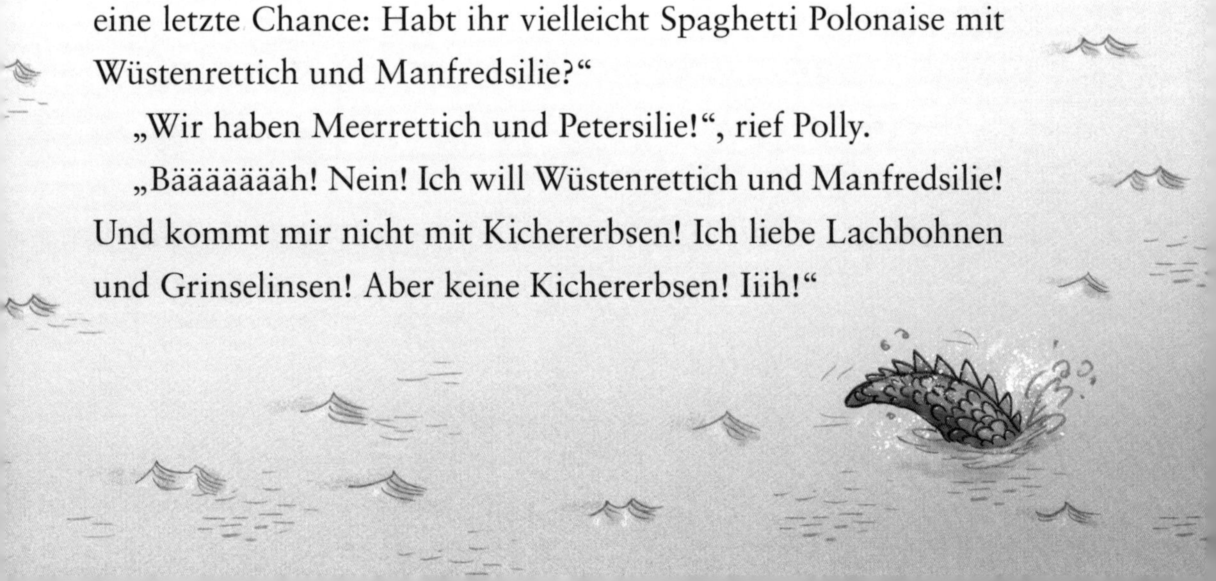

„Das haben wir alles nicht“, sagte der Schrönk.

Der Beißluftballon schmatzte. „Na dann“, sagte er, „muss ich auf die nächsten Gäste hoffen. Macht’s gut, Leute. Wenn ihr nicht habt die rechte Speise, ist sie beendet, eure Reise!“

Alter Häuptling Pampiger Pilz! Was soll ich sagen, Freunde? Kaum hatte der hungrige Beißluftballon diese Worte von sich gegeben, da öffnete sich der Boden des Maulkorbs! Wie eine Falltür! Und wir stürzten hinab! Richtung Monstermeer!

Wackelwaddelwabatati! Was sollten wir tun?

Der Schrönk versuchte, seine Propellerarme anzuwerfen. Aber so mitten im freien Fall war das für ihn unmöglich.

Doch schon nahte Rettung. Denn von unten aus dem Wasser bog sich die Brücke empor! So ein schönes Schauspiel hatten wir noch nie zuvor gesehen. Die lange, flache, lebendige Brücke schlängelte sich nach oben. Immer höher. Und fing uns auf! Einen nach dem anderen. Dann ließ die Brücke uns sanft nach unten rollen, zum Strand, wo wir alle, Polly, Mini, Rosa, der Schrönk und ich, in den Sand plumpsten. Mitsamt Gepäck und Proviant! Hicks! Hicks! Hurra!

Von oben hörten wir noch den Beißluftballon:

„Ich hasse Spinat! Ich liebe Pirat!

Und trinke nur: Ele-Fanta pur!“

4

Im Netz der Unterwasserspinne

Also, Leute, eins müsst ihr wissen: Wenn die Schunkelnden Dschunken einen nicht mit aufs Monstermeer nehmen; wenn man von einem Beißluftballonmaulkorb fallen gelassen wird; wenn man aus höchster Höhe zum Monstermeer stürzt; dann, ja, Alter Häuptling Wasserratte, dann ist man wirklich froh, wenn einen die lebende Schluckaufbrücke namens Hicks auffängt und an den Strand rollt.

Hicks bog sich zu uns hinunter und wir sahen ein lachendes Gesicht am Ende der Brücke.

„Hicks!“, sagte Hicks. „Mein Name ist Hicks!“ Während sie hickste, machte die Brücke einen wilden Buckel. „Sorry!“

Immerhin: Wir waren am Ziel! Wir hatten die Brücke Hicks gefunden!

„Hallo, Hicks! Wir haben schon von dir gehört.“

„Ehrlicks?“

„Ja!“, sagte der Schrönk. „Du bist doch die Brücke, die zur Insel der Rotschopfmurmeltiere führt!“

„Die bin icks!“

„Und wo ist Insel nu?“, fragte Mini.

Da fiel der Blick der Brücke auf Mini. Hicks Miene hellte sich auf, die Brücke lachte hicksend und rief: „Mini! Mini Murmel! Bist du es wirklich? Du bist in Sickserheit?“

„Du mich kenno?“, fragte Mini.

„Aber klar! Ich habe dich in meinen Pflöcken gehalten. Ich habe dir die Kampfwindel Jimbo angelegt. Wo ist die eigentlicks? Ich habe dabei zugesehen, wie dich dein Vater Maxi ins Riesenhaselnuss-Ei gelegt hat. Wo alle Rotschopfmurmeltickse nach der Geburt reinkommen. Damit sie noch mal ordentlich ausgebrütet werden können!“

„Maxi? Wo Papa?“, fragte Mini.

„Das ist das Entsetzlickse!“, rief Hicks. „Ich hätte mein Leben dafür gegeben, die Rotschopfmurmeltiere zu beschützen. Dafür bin icks ja da! Das hab ich mein Leben lang getan! Aber dann!“ Hicks hickste traurig. Bei jedem Hicksen wurde die Brücke ordentlich durchgerüttelt. „Vor einiger Zeit ist plötzlicks ein neues Monster aufgetaucht. Von ganz tief unten. Ein Urzeitungeheuer. Zehnmal so riesig wie ein Blauwal. Ein Ungehicks, das alles verschlang! So hat man sich erzählt. Die Rotschopfmurmeltiere haben das nicht geglaubt. Bis auf einen: Maxi Murmel!“

„Maxi?“, rief Mini.

„Ja. Du lagst gerade im Riesenhaselnuss-Ei. Und Maxi hatte

tierickse Angst. Wenn es wirklich ein Ungeheuer gab, das alles verschlang: Könnte es nicht auch die gesamte Insel verschlucken? Maxi schrieb einen Brief und klebte ihn an die Riesenhaselnuss. Er stellte einen Luftpostballon bereit. Für alle Fälle! Wenn das Ungeheuer wirklicks auftauchte, wäre er vorbereitet! Und Maxi Murmel sollte Recht behicksen: Eines Tages näherte sich das Ungeheuer der Insel mit seinem riesigen, weit offenen Maul. Es war echt giganticks groß. Maxi handelte sofort: Er band den Luftpostballon an das Haselnuss-Ei und ließ ihn in die Luft steigen. Sein Ei war gerettet. Mit dir! Mini! Seinem Sohn! Es hat geklappt! Was für ein Glück! Du bist in Sickserheit!"

„Was wurde aus der Insel? Was wurde aus Maxi Murmel?", fragte der Schrönk.

Hicks schniefte. „Verschluckt. Verspeist. Verspachtelt! Das Ungeheuer hat die ganze Insel hinuntergeschluckt. Mit einem Hicks! Es tut mir leid!“

Leute, das war wirklich eine schlickse, ich meine, eine schlimme Nachricht. Mini war am Boden zerstört. Wir versuchten, ihn zu trösten, aber das gelang uns nicht sehr gut.

Doch plötzlich flüsterte Hicks: „Es gibt Hoffnung! Man erzählt sicks, dass Bronco –“

„Bronco? Wer ist Bronco?“, unterbrach Polly.

„Das Urzeitungeheuer. Wir nennen es Bronco. Jedenfalls: Bronco hat zwar ein riesiges Maul. Aber auch einen riesigen Bauch, groß wie eine Stadt! Es heißt, dass alles, was er verschlickst, in Broncos Bauch weiterlebt!“

„Also müssen wir Maxi und seine Rotschopfmurmeltiere einfach nur aus Broncos Bauch befreien?“, fragte ich.

„Ja, das könnte man versucksen.“

„Hurra!“

„Was heißt hier Hurra?“, fragte der Schrönk. „Wie stellst du dir das vor, Billy?“

„Wir können tauchen. Mit den Taucheranzügen!“

„Ja, aber da unten wimmelt es von Monstern!“, rief Polly. „Deshalb heißt es ja Monstermeer!“

„Monster, Ponster, Zonster! Papperlapp! Wir suchen den fetten Bronco und befreien deinen Vater, Mini! Und die anderen Rotschopfmurmeltiere! Wir werden sie da rausboxen!“

Na ja, ich musste zugeben: Der Plan war zwar vollkommen verrückt, aber auch ein verrückter Plan ist immerhin ein Plan!

Der Schrönk nickte.

Zwergpferd Rosa wieherte.

Und Mini Murmel war sofort Feuer und Flacke.

Wir schnappten uns die Taucheranzüge. Polly, der Schrönk, Mini Murmel und ich! Wir vier waren zu allem bereit!

Rosa mussten wir leider am Strand zurücklassen. Weil wir keinen Taucheranzug für sie hatten. Sie guckte ganz traurig. Aber wir versprachen, bald zurückzukommen!

Die Brücke Hicks war begeistert: „Ich muss sagen, Leute, ich hab noch nicksmals mutigere Helden gesehen als euch! Sich mit Bronco anzulegen! Ich mache mit."

„Wie denn das?", fragte ich.

Mit einem Ruck zog Hicks die Pflöcke, mit denen sie am Strand festgemacht war, aus dem Sand. „Ich kann zwar nicht tauchen. Aber ich werde auf dem Wasser über euch herschwimmen! Wäre doch gelacht, wenn wir Bronco nicht ordentlicks in den Hintern treten könnten!"

„Dann könnten wir doch gleich auf deinem Rücken übers Meer schippern!", schlug Polly vor. Sie fand den Gedanken, im Monstermeer tauchen zu müssen, ganz schön unheimlich.

„Geht leider nickst!", sagte Hicks. „Mein Schluckauf würde euch die ganze Zeit abwerfen!"

Also blieb uns keine Wahl! Wir schlüpften in die Taucheranzüge. Und sprangen ins Wasser des Monstermeers.

„Los geht's!", rief der Schrönk.

Alter Häuptling Wabbelnde Qualle!

Polly und ich nahmen Mini in die Mitte. Der Schrönk schwamm vor uns. Wir paddelten kräftig mit den Beinen, die in Schwimmflossen steckten.

„Ich bin ein U-Boot!", jubelte der Schrönk. „Ich bin ein U-Boot!"

Ich konnte seine Worte tatsächlich hören! Obwohl wir unter Wasser waren! Irre! Die Brücke Hicks sahen wir nicht. Aber wir spürten, dass sie in der Nähe war, über uns, hinter uns: ein gutes Gefühl.

Wir wussten nicht genau, wohin wir schwimmen sollten, also tauchten wir einfach drauflos. Früher oder später würden wir schon auf Bronco treffen. So ein Ungetüm, das konnte man nicht übersehen!

Nach kurzer Zeit blieben wir aber irgendwie hängen. Wir kamen nicht mehr voran. Was war los?

Leute, wir klebten in einem riesigen Netz! Verflixte Hacke! Ein Netz, das man kaum sehen konnte! Das war doch kein Fischernetz! Das war ein … Oh nein! Hatten diese Schunkelnden Dschunken nicht etwas von Unterwasserspinnen gesagt? Waaah! Tatsächlich! Von tief unten krabbelte eine fette Unterwasserspinne am Netz empor. So groß wie der Schrönk! Glibbrig und silbern und so was von hässlich, wir kriegten das Grauen. Doch je mehr wir versuchten, uns zu befreien, umso mehr verstrickten wir uns im Netz.

Die Spinne näherte sich unaufhaltsam. Ihre grünen Augen leuchteten. Ihre strubbeligen Beinhaare schwebten im Wasser.

Ihre giftigen Zwickzähne klappten auf und zu. Wir hofften, dass Hicks uns vielleicht helfen würde. Aber die Brücke bestand aus Holz, und Holz schwimmt leider nur über Wasser, nicht unter Wasser. Hicks kam nicht zu uns hinab!

Die Spinne strich mit ihren haarigen Beinen über unsere Körper. Sie grinste ein hässliches Grinsen. Und dann schnarrte sie: „Gefangen! Im Netz von Schmirgel, der Unterwasserspinne. Ihr werdet nie wieder frei kommen!"

Na toll!

„Es sei denn", fuhr die Spinne fort, „ihr gebt mir jede Menge Küsse."

Was wollte sie? Küsse?!?!

„Ich lebe ganz allein hier", schniefte die Spinne, „schon seit Jahrhunderten. Niemand mag mich. Könnt ihr euch das vorstellen?"

„Klariklaro!", rief Mini. „Du echt irre hässlich, Spinni! Ich glei kotz kotz!"

„Seht ihr!", zischte die Spinne.

„Mini", flüsterte ich. „Sei doch still!"

„Ich möchte so gern geküsst werden!“, jammerte die Spinne. „Geküsst, gestreichelt und umarmt. Wollt ihr das für mich tun?“

Was? Ja, spinnte die Spinne denn?

„Aber sicher doch!“, sagte da der Schrönk.

Wie bitte?!

Doch dann verstand ich. Klar! Wenn wir auf diese Weise frei kämen, bitte, gerne! Und wir nickten allesamt.

Nur Mini murmelte: „Bääääääääääääh!“

„Obwohl ich so hässlich bin?“, fragte die Spinne.

„Du bist doch nicht hässlich!“, flötete Polly.

Die Spinne strahlte. Dass Polly so gut lügen konnte, hätte ich auch nicht gedacht. Aber es war ja eine Notlüge.

Als Erstes band Schmirgel Polly los. Polly musste sich ganz schön überwinden. Sie holte tief Luft, nahm den Taucherhelm ab und küsste die Spinne, streichelte und umarmte sie. Anschließend setzte sie den Helm wieder auf. Dann mussten auch wir anderen ran.

Alter Häuptling Zaubernder Zipfel! So was hatte ich noch nie gesehen: Je öfter die Spinne geküsst, umarmt und gestreichelt wurde, umso hübscher wurde sie! Das Spinnengrinsen verwandelte sich in ein Lächeln, ihr glitschiges Glibbern in goldenes Leuchten, ihre struppigen Haare in frisch frisierte Dauerwellen. Schließlich waren wir alle frei. Und die Spinne schöner als der Sonnenschein!

Die Spinne namens Schmirgel strahlte: „Ich danke euch! Ein Leben ohne Liebe und Zärtlichkeit ist doch kein Leben. Auch nicht für eine Spinne!"

Und damit krabbelte sie zurück in die Tiefe.

Also schön, nicht alle Lebewesen im Monstermeer mussten unbedingt Monster sein. Es gibt halt überall auch ein paar nette Kreaturen, selbst im finstersten Meer.

Zwicke Picke! Netz und Stricke!

Ilte Hicke! Billy Bicke!

5

Bronco, das Urzeitungeheuer

Wer hätte gedacht, dass Tauchen so schön sein konnte? Es klappte wunderbar. Mit den Taucheranzügen von Tabanaka bewegten wir uns spielerisch leicht durchs Monstermeer: der Schrönk mutig voran, Polly, Mini und ich in seinem Schlepptau. Immer knapp unter der Oberfläche. Und dicht hinter und über uns – die Brücke namens Hicks. Nun mussten wir nur noch Bronco finden. Das Urzeitungeheuer, das Mini Murmels ganze Familie einfach so verschluckt hatte. Samt Insel! Und, Leute, wir sollten Bronco viel eher finden, als wir dachten …

Kurze Zeit, nachdem wir uns aus dem Netz der Unterwasserspinne befreit hatten, tauchten die ersten *echten* Monster vor uns auf. Ein fetter Hai mit drei Köpfen! Ein Krake mit siebzehn Armen und genauso vielen Armleuchtern! Ein Wasserdracheléweschweinefuchs!

Aber das Komische war: All diese Monster beachteten uns gar nicht! Sie schwammen blitzschnell an uns vorbei. Als wären sie selber auf der Flucht. Und sie *waren* auch auf der Flucht!

Nur: Vor wem könnten solche Monster fliehen? Na klar! Vor Bronco! Dem Urzeitungeheuer.

Das Blöde war: Bronco schwamm schon auf uns zu. Vor uns sahen wir sein irre riesiges Maul. Größer als zehn Scheunentore! Die untere Hälfte befand sich unter Wasser, die obere Hälfte über Wasser. Keine Chance, ihm zu entkommen.

Und schwupp!, hatte Bronco uns allesamt verschluckt.

Einfach so!

Polly, Mini, den Schrönk und mich.

Aber es tat gar nicht weh. Denn Bronco hatte keine Zähne. Alter Häuptling Schluckender Specht!

Kaum waren wir in Broncos Maul, sahen wir vor uns schon seinen roten Rachen. Und da ging es jetzt hinunter.

Aaaaaaaaaah!

Wie auf einer Rutsche immer den Hals hinab, direkt hinein in den fetten, hohlen Bauch. Hätten wir nicht gewusst, wo wir uns befanden, hätte das sogar richtig Spaß gemacht. Broncos Rachenrutsche war noch viel steiler als die Ringelrutsche vom Hochland in die Rätselwüste.

Unten plumpsten wir auf feuchten dunkelroten Boden. Das quatschte und knatschte und pratschte unter unseren Füßen.

In Broncos Bauch war es so warm, dass wir unsere Taucher-

anzüge auszogen. Puuuh! Das stank zwar ein bisschen hier drinnen, aber wir konnten atmen. Ohne Helme!

Halt! Was war das denn? Da lag etwas auf dem Boden. Und wimmerte! Ein Orca. Ein kleiner Orca. Ein Orcababy! Allein! Ohne Eltern!

Mini Murmel rief: „Wodi Elti?“

„Brobro schluschlu! Mumu susu!“, quiekte das Orcababy.

„Was ist los?“, fragte der Schrönk.

„Ich au Walisisch sprech“, sagte Mini. „Wie Wale. Orca sucht Mami. Wie ich such Papi! Wildu mitu kommi? Widi helfi halfi hülfi!“

„Jijijijiji!“, tschilpte der kleine Wal.

„Er mit uns komm! Wir ihm helfi!“

Klar! Wir konnten das Baby schließlich nicht einfach zurücklassen! Aber es gab ein Problem. So ein Wal hat ja keine Beine.

„Fligi Flügi Florca Flugi!“, rief das Orcababy.

„Was heißt das?“, fragte Polly.

„Baby will versuch zu fliegen!“, antwortete Mini.

„Aber Orcas können nicht fliegen!“

„Baby sagt, ist Fliegender Orca: Florca!“

Wir sahen, wie das Orcababy mit seinen Flügeln schlug, ich meine, mit seinen Brustflossen, aber – na klar! – fliegen konnte es natürlich nicht.

„Ni flidi dreikäsihohi momo!“, jammerte es.

„Baby sagt, noch zu klein. Baby Orca erst morgen fliegen.“

Ich schaute Polly und den Schrönk an. Na ja, wir glaubten natürlich nicht, dass es Fliegende Orcas gab. Wir glaubten auch nicht, dass Mini Murmel Walisisch sprach und den kleinen Orca überhaupt verstehen konnte. Wir glaubten eher, dass Mini eine blühende Fantasie hatte. Trotzdem konnten wir das Orcababy nicht allein zurücklassen. Also nahm der Schrönk es auf seine langen Arme. Los ging's!

Wir stapften ein Stückchen über den roten Boden, bogen um eine Ecke – und prallten zurück: Hier, in Broncos Bauch, herrschte ein Gewimmel und Gewusel, das kann man sich nicht vorstellen! Wir sahen Häuser, Straßen, Inseln, Piratenschiffe, sogar einen Jahrmarkt! Mit Riesenrad und Geisterbahn. Es gab Magenbrot und Gluckerwatte, Lokusnüsse und ...

In diesem Augenblick hörten wir einen Schrei: „Mini!“

Jemand stürzte auf unser Rotschopfmurmeltierchen zu.

Wer das war, konnten wir uns denken: Maxi Murmel, Mini Murmels Vater! Er sah jedenfalls rotschopfhaargenauso aus wie Mini, nur größer natürlich. Die beiden fielen sich in die Arme.

Hinter Maxi entdeckten wir weitere Rotschopfmurmeltiere. Das mussten seine zwanzig Freunde und Verwandten sein! Die Rotschopfmurmeltiere kamen zu uns und wir erzählten erst mal von den Abenteuern, die wir erlebt hatten.

„Leute!", sagte Maxi, als wir geendet hatten. Er schien gar nicht erfreut. „Ihr habt meinen Sohn in große Gefahr gebracht. Ich hatte ihn doch extra von der Insel fortgeschickt!"

„Tut uns leid", sagte ich.

„Ich dich wollte befrei, Papa!", sagte Mini.

Maxi umarmte seinen Sohn noch einmal. Dann schüttelte er geknickt den Kopf. „Wir haben schon alles versucht", sagte er. „Von hier gibt es kein Entkommen."

„Und jetzt?", fragte der Schrönk.

Keine Ahnung! Auch nachdem ich fünf Minuten gerannt und völlig außer Puste war, fiel mir nichts ein!

„Also, ich jetzt muss ess!", sagte Mini. „Ich Hunger! Hunger wie Beißluftballon!"

Gute Idee!

Wir gingen zum Jahrmarkt.

Und schlugen uns im Bauch des Ungeheuers die Bäuche voll.

Popocorn! Schokobananen! Herrlich!

Freunde der Darmstadt, was soll ich sagen? Weil wir nicht weiterwussten, weil uns nichts mehr einfiel, dachten wir: Vielleicht ist es gut, ein bisschen Spaß zu haben! Oft ist das die einfachste Lösung. Nicht an die Probleme und Sorgen denken, sondern sich des Lebens erfreuen. Dann würden wir vielleicht wieder zu neuen Ideen kommen.

In der Ruhe liegt die Kraft!

Erst Spiel und Spaß! Dann wird geschafft!

6

Die Rotschopfmurmeltierleiter

Wer hätte gedacht, dass es in Broncos Bauch einen richtigen Jahrmarkt geben würde? Wir fuhren Riesenrad, Achterbahn und Raupe, zogen Lose – alles Nieten, wie doof! – und gingen schließlich zum Schießstand. Ich schoss echt schlecht, muss ich zugeben. Der Schrönk aber stellte sich besser an: Er gewann einen kleinen Rucksack und schenkte ihn Mini Murmel.

„Ich au!", rief Mini Murmel. „Ich au schießen!"

„Mini, du bist zu klein!"

„Auf Schulter!"

Na gut. Polly nahm Mini auf die Schultern, Mini schnappte sich ein Gewehr – und traf dreimal ins Schwarze! Gewonnen! Er hatte freie Auswahl.

Mini entschied sich für ein Kuscheltier aus Stoff. Und stopfte das Tier rasch in den Rucksack. Was für ein komisches Kuscheltier war denn das? Ein –

Plötzlich rief Polly: „Ich hab's! Ich hab die Lösung!"

Sie hüpfte in die Luft. Ihre Augen leuchteten.

„Was denn?", fragte der Schrönk.

„Das Viel ist das Ziel! Haben wir doch in der Rätselwüste gelernt. Nur wenn wir zusammenhalten, nur wenn sich einer auf den anderen verlassen kann, nur dann können wir es schaffen!"

Ich verstand kein Wort.

Polly trommelte jetzt alle Rotschopfmurmeltiere zusammen, den Schrönk, das Orcababy, Mini und mich. Und dann erklärte sie uns ihren Plan. Und von Wort zu Wort wurde unser Lächeln breiter. Ja! Das könnte klappen! Super Idee, Polly! Nichts wie ans Werk!

Walle-weiter! Nackte Leiter!

Gemeinsam ist man viel gescheiter!

Wir liefen zurück zu der Stelle, an der wir in Broncos Bauch gelandet waren.

„Da müssen wir rauf!", rief Polly und zeigte die Speiseröhre hoch. „Zurück in Broncos Maul. Das ist der einzige Weg nach draußen."

Alle schauten nach oben. Das war echt steil. Außerdem rann ständig ein bisschen Wasser die Röhre hinab. Das würde nicht einfach werden. Der Schrönk legte das Orcababy auf den Boden. Noch einmal flappte es mit den Brustflossen, aber es konnte immer noch nicht fliegen.

„Na, dann los!“, rief ich.

Der Schrönk machte eine Räuberleiter, indem er seine Hände ineinander verschränkte. So konnte Maxi Murmel in die Handflächen steigen und sich auf die Schultern vom Schrönk schwingen. Als er dort stand, kletterte das nächste Murmeltier am Schrönk und an Maxi hoch. Und stellte sich auf Maxis Schultern. So ging das immer weiter. Ein Murmeltier nach dem anderen kletterte nach oben. Das war eine wacklige Angelegenheit, aber unsere einzige Chance!

Zum Schluss kletterten auch Polly und ich an der Rotschopfmurmeltierleiter hoch. Mini klammerte sich mit seinem Rucksack an meinen Bauch. Der Schrönk schwitzte und ächzte und stöhnte. Kein Wunder, so viele Murmeltiere: Das war ganz schön schwer!

Ich erreichte tatsächlich Broncos Rachen. Und konnte durch sein offenes Maul das Monstermeer sehen! Bis hierhin war der Plan geglückt. Aber nun?

Ich legte die Hände an den Mund und rief, so laut ich konnte: „Hicks! Hicks! Hilfe! Hicks!“

Mein Ruf schallte durch das offene Maul des Ungeheuers.

Doch nichts geschah.

Noch einmal rief ich: „Hicks! Hicks!“

Wenn Hicks sich irgendwo da draußen befand, dann musste sie mich einfach hören!

Von unten stöhnte der Schrönk: „Ich kann nicht mehr lange! Beeilt euch! Ihr müsst uns hochziehen!"

Verzweifelt brüllte ich noch einmal: „Hicks! Hicks! Hörst du mich?"

Und alle anderen schrien nun mit mir.

Immer noch nicks!

Schon dachte ich, alles ist zu spät. Schon dachte ich, unser schöner Turm kracht zusammen. Schon dachte ich, wir stürzen alle wieder runter in den Ungeheuerbauch. Doch dann! Dann sah ich etwas! Es kam durchs offene Maul hineingeschlängelt. Das war sie: Hicks! Die lebende Brücke!

„Haltet durch! Haltet durch!", rief Hicks. Rückwärts näherte sie sich. Noch drei, zwei, einen Meter, dann könnte ich ihr Ende packen.

„Billy!", rief der Schrönk. „Es geht nicht mehr lange! Tu endlich was!"

Da sagte Mini: „Ich au noch da!"

„Was?"

„Ich au noch da!", wiederholte er energisch.

Natürlich! Ich hielt Mini hoch, Mini griff nach dem Ende der Brücke und packte sie.

„Haltet euch fest!", rief Hicks nach hinten.

„Haltet euch fest!", rief ich nach unten.

„Wir halten uns fest!", rief der Schrönk nach oben.

Langsam schlängelte sich Hicks wieder aus Broncos Maul. Mini hielt das Ende der Brücke in seinen Pfoten. Ich packte Minis Beine und Polly meine. Die Rotschopfmurmeltiere taten es uns gleich. Ganz unten umschlang der Schrönk die Beine von Maxi Murmel und rief dem Orcababy zu: „Halt dich fest!"

Jetzt hat ein Orcababy dooferweise keine Hände. So'n Pech! Womit sollte es sich festhalten? Aber das Baby wusste sich zu

helfen und biss dem Schrönk kurzerhand in den rechten Fuß. Na, besser so als kurzerfuß in die rechte Hand!

„Aua!“, rief der Schrönk. Aber auch er biss tapfer die Zähne zusammen. Genau wie das Orcababy.

Und dann zog Hicks uns Stück für Stück aus dem Rachen des Ungeheuers. Während wir so an ihr hingen, dachte ich: Wir sind eine waschechte Hängebrücke! Yi-hah!

Draußen pflügte Hicks durchs Wasser: Sie konnte echt superschnell schwimmen, die Brücke! Ich blickte zurück. Bronco hatte die Augen geschlossen und merkte nichts von unserer Flucht. Das interessierte ihn überhaupt nicht. Wir entfernten uns, so schnell wir konnten. Immer weiter!

Puh! Aus dem Gröbsten waren wir raus!

Wir bogen bald ab in Richtung Strand und wateten durch das flache Wasser zum Sand. Alle bis auf das Orcababy natürlich! Heidebimbam, war das eine Freude, wieder festen Boden unter den Füßen zu haben!

Leute, jetzt standen wir da wie die Helden! Wir hatten die ganze Rotschopfmurmeltierfamilie rausgeboxt. Aus dem Bauch von Bronco, dem Urzeitungeheuer. Mithilfe einer echt tollen Schluckaufbrücke! Hicks! Hicks! Sie lebe hoch!

Und Hicks? Sie strahlte. Und merkte, dass sie seit einiger Zeit gar nicht mehr gehickst hatte. In der größten Gefahr hatte die Brücke ihren Schluckauf völlig vergessen. Vor Schreck!

„Ich bin geheilt! Ich bin geheilt!“, rief sie glücklich. „Nie wieder Schluckauf!“

Wir liefen alle am Strand entlang, bis wir unser Zwergpferd Rosa gefunden hatten, dann tanzten und sangen wir und freuten uns. Doch während wir so sangen und tanzten, mussten wir an Tabanaka Strumpflochs Singen und Tanzen denken. An seinen Regentanz. Und an den Zauber von Häuptling Falsche Schlange. Das machte uns traurig.

Also, eins war klar: Wir würden schon am nächsten Tag zurückkehren. Nach Tohuwabohu! Um zu schauen, ob Tabanaka inzwischen von irgendwoher Wasser besorgt hatte. Für seine Strumpfnasen. Falls nicht, mussten wir uns mal wieder was einfallen lassen. Aber dafür sind wir ja da!

Walle Wappe! Alte Happe!
Raus sind wir aus Broncos Klappe!

7

Ein Orca fliegt selten allein

Ja, aber, Leute, hörte das denn nie auf? Die Gefahren? Die Aufregung? Denn als wir am nächsten Morgen wach wurden und frühstücken wollten, rief Maxi Murmel verzweifelt: „Mini! Wo ist Mini? Wo ist mein Sohn?"

„Daaaaa!", rief Polly und fuchtelte Richtung Monstermeer.

Tatsächlich! Vergnügt planschte Mini im Monstermeer! Aber da war noch etwas: eine Flosse! Eine große Rückenflosse! Eine Finne! Sie kam direkt auf Mini zu!

„Mini!", riefen wir. „Schnell! Komm raus aus dem Wasser!"

Aber Mini kicherte nur: „Baby Orca mir schwimmi beigebrackt!"

Doch die Rückenflosse war viel größer als die eines Orcababys. Jetzt hatte sie Mini erreicht. Wir schrien entsetzt auf! Mini wurde mitgerissen. Von der Flosse! Doch er blieb über Wasser. Und hielt sich an der Flosse fest.

„Hei-jei!", rief er. „Nix Sorge macken! Ist Flosefine! Mutter von Baby Orca!"

Und dann …

Also, Freunde der Wackel-Wale, jetzt kommt's!

Die Orcamutter sprang aus dem Wasser und … landete wieder im Wasser. Sie sprang noch mal aus dem Wasser und … landete noch mal im Wasser. Immer mit Mini auf dem Rücken. So weit, so gut. Das schien beiden einen Riesenspaß zu machen. Dann aber sprang die Orcamutter ein drittes Mal aus dem Wasser. Und landete … nicht mehr im Wasser! Nein!

Die Orcamutter … flog!

Sie flog durch die Luft!

Habt ihr das schon mal gesehen? Wenn ein Orca fliegt? Das sieht wunderschön aus! Uns standen vor Staunen die Augen und Ohren und Nasen und Münder offen.

Also sprach Mini tatsächlich Walisisch!

Und die Orcas waren wirklich Florcas: Fliegende Orcas!

Die Florcamutter näherte sich dem Strand und landete dicht neben uns. Mini sprang von ihrem Rücken und lief auf uns zu.

„Flosefine supi dankbar!“, sagte er. „Dass wir Baby Orca rettet haben. Sie helfen will uns!“

„Helfen? Wie?“

„Fliegt uns zu Hochland“, sagte Mini und zauderte nicht lange. „Alle jetzi aufsteigi!“ Dann ging er zu seinem Vater und sagte: „Ihr leider nix Platz auf Florca!“

Also, ich muss sagen: Der kleine Mini war wirklich groß geworden. Er schien genau zu wissen, was er wollte.

„Ich habe eine Idee!", rief Maxi. „Wir kommen hinter euch her. Wir fahren mit Hicks den Großen Strom hinauf."

„Den Großen Strom? Auch Piratenfluss genannt?"

„Ja, der mündet im Monstermeer."

„Dann fahrt doch gleich zu den Murmelwiesen!", schlug Polly vor. „Das ist unsere Heimat. Wir treffen uns dort!"

Super Idee!

Wir kletterten flugs auf den Rücken von Flosefine. Der Schrönk, Polly und ich. Und auch Rosa. Allerdings war unser rosa Zwergpferd ein bisschen verwirrt. Als Pferd war Rosa gewohnt, dass man auf *ihr* ritt! Jetzt musste Rosa auf *jemand anderem* reiten! Na ja. Auch mal was Neues für so ein Pferd.

„Und du?", fragte ich Mini.

„Ich flieg auf Flocki!"

„Wer ist Flocki?", fragte der Schrönk.

„Baby Orca! Heute Baby au fliegen kann!"

Und kaum hatte Mini das gesagt, flog das Orcababy aus dem Meer zu uns an den Strand und landete, ein wenig holprig noch. Das Baby trug orangene Flügelchen an den Brustflossen. Wohl weil es noch nicht so sicher in der Luft war. Mini schien das nicht zu stören. Er sprang mit seinem kleinen Rucksack auf Flockis Rücken und rief: „Nix wie wecko, alter Gecko!"

Und beide Orcas, Mutter und Baby, stiegen in die Luft.

Flug und Flamme! Saus und Braus!

Walle Wamme! Minimaus!

Ich habe niemals etwas Schöneres erlebt als den Flug auf dem Florca. Leute, war das eine frische Luft hier oben! Und der Ausblick erst! Wuhuuuuuuu! Alle Anstrengungen des langen Hinwegs waren vergessen.

Wir flogen über den Sumpf der Moorschweine, überquerten die Süßigkeitenschlucht, sahen den Wald der Verlorenen Taschentücher und schwebten über die Rätselwüste hinweg. Flosefine war stolz, dass ihre Tochter Flocki so gut durchhielt. Es war ja ihr erster richtiger Flug!

Schon bald erreichten wir das Hochland.

Alter Häuptling Schwitzende Stirn!

Der Schnee war schon geschmolzen. Die Sonne brannte vom Himmel. Es war Sommer hier oben. So lange waren wir fort gewesen. Mensch, unterwegs verliert man echt jedes Gefühl für die Zeit.

Als wir heranflogen, traten die Strumpfnasen aus ihrer Zeltstadt und blickten staunend zum Himmel. Fliegende Orcas hatten sie noch nie gesehen.

Wir landeten und umarmten erst mal Billy the Kid, dessen Bein zum Glück wieder heil war. Auch Tabanaka Strumpfloch und die Kampfwindel Jimbo eilten uns entgegen.

„Ist dir was eingefallen, Tabanaka?“, rief ich. „Weißt du, woher du Wasser bekommen kannst?“

Tabanaka schüttelte traurig den Kopf. Er zeigte auf einen Eimer mit Wasser. „Das ist alles, was wir noch haben“, sagte er. „Mein Regentanz funktioniert nicht. Der Zauber von Häuptling Falsche Schlange wirkt! Der Himmel bleibt trocken!“

Da rief Mini Murmel: „Tabanaka! Tanz dein Tanz!“

„Aber du hast doch gehört, was er gesagt hat“, murmelte Billy the Kid.

„Tanz! Tanz!“, rief Mini immer wieder und sprang auf den Rücken des Florcababys. „Lilijahu, Flocki!“

„Juhihahihu!“, quietschte Flocki.

Tabanaka seufzte und begann seinen Regentanz.

Über unseren Köpfen drehte das Florcababy mit Mini seine Runden. Wir sahen, wie Mini den Rucksack vom Rücken schnallte und öffnete. Dann holte Mini das Kuscheltier heraus. Ihr wisst schon: das er auf dem Jahrmarkt gewonnen hatte. In Broncos Bauchstadt.

Und jetzt kommt's, Freunde: Dieses Stofftier war kein Bärchen, nein! Kein Schäfchen, nein! Kein Mäuschen, nein! Kein Hündchen, nein! Freunde des Walle-Wacke-Regens: Dieses Stofftier war ein Rochen!

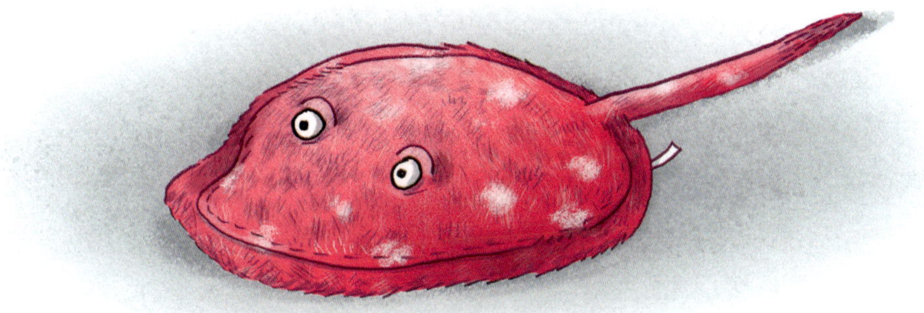

Ha! Wie ging noch mal der Spruch von Häuptling Falsche Schlange?

„Mein Zauber wird nur dann gebrochen –
hoho, du wirst vor Wut gleich kochen –,
wenn durch die Lüfte fliegt ein Rochen
und der muss auch noch heißen: Jochen."

Wir schauten Mini staunend an.

Mini aber rief dem Kuscheltier feierlich zu: „Ich dich tauf auf Namen Jochen!“

Und dann flogen Mini, Flocki und der Kuschelrochen Jochen über die Zeltstadt Tohuwabohu hinweg.

Tabanaka blickte – immer noch tanzend – zum Himmel. Und was soll ich sagen? Über uns brauten sich in Windeseile Wolken zusammen. Schwarze, schwere, fette Regenwolken. Und dann prasselte Regen herab! Tabanakas Regentanz klappte wieder! Der Zauber von Falsche Schlange war gebrochen, denn ein Rochen namens Jochen flog über die Zeltstadt! Yi-hah! War das eine Wonne, den kalten Regen zu spüren! Die Strumpfnasen hüpften fröhlich auf und ab und hielten Gefäße in die Luft. Sie sammelten den Regen und tranken und tranken.

Und Tabanaka tanzte fröhlich weiter.

Der Tollpatsch-Häuptling Falsche Schlange würde toben vor Wut. Vielleicht würde er mit seinen Kriegern sogar durch das Bergraupenlabyrinth ins Hochland kommen. Um gegen die Strumpfnasen zu kämpfen. Aber es gab ja immer noch Jimbo, die Kampfwindel. Sollten die Tollpatschen nur kommen, Jimbo würde schon mit ihnen fertig werden!

Hackizacki! Schlackikracki!

Nachdem wir den Strumpfnasen geholfen hatten, die Gefäße mit dem Regenwasser in ihre Zeltstadt zu schleppen, wurde es höchste Zeit aufzubrechen. Höchste Zeit, zurückzufliegen. Zum Murmelhügel! Denn wenn hier oben Sommer herrschte, musste bei uns der Winter schon eingebrochen sein! Brrr!

Rosa, Billy the Kid, der Schrönk, Polly und ich stiegen auf

Flosefine, Mini kletterte auf Flocki, und wir winkten den Strumpfnasen und Jimbo ein letztes Mal zu. Und dann, Leute, geschah noch etwas Wunderbares! Als wir über die Klingelnden Berge flogen, konnten wir in das Maul des Felsenhundes schauen, der dem Mount Hound seinen Namen gab. Und wir erspähten eine große goldene Glocke. Und die Glocke läutete jetzt! Sie klingelte!

„Was ist das denn?“, rief ich.

„Das ist die Glocke von Mount Hound“, sagte Billy the Kid. „Tabanaka hat mir davon erzählt: Die Glocke klingelt immer dann, wenn es im Hochlandsommer geregnet hat!“

„Also deshalb heißen die Klingelnden Berge Klingelnde Berge!“, rief Polly.

Und so fügte sich alles.

Flosefine und Flocki setzten uns am Murmelhügel ab. Wir verabschiedeten uns von ihnen. Höchste Zeit, dass die beiden wieder zurück ins Wasser kamen! Mini tätschelte Flocki und gab ihm einen dicken Kuss auf die Orcanase.

Wir aber versammelten alle Freunde und Verwandten und liefen zu Horst-Dieter, unserem lieben blauen Haselnussbaum. Und während wir pausenlos Haselnüsse futterten, erzählten wir unsere Erlebnisse. Das dauerte den ganzen Tag!

Am Abend schipperte dann die Brücke Hicks auf dem Fliederfluss heran, und auf der Brücke Hicks hockten Maxi Murmel und seine zwanzig jubelnden Freunde und Verwandten.

Was für eine Wackel-Freude!

Alle waren wir vereint!

Jetzt merkten Polly und ich, wie müde wir waren. Kein Wunder, nach so vielen Abenteuern. Und als die ersten Schneeflocken vom Himmel rieselten, wollten wir schon völlig erschöpft in unseren Winterschlafraum kriechen. Aber nix da!

„Wir Rotschopfmurmeltiere halten keinen Winterschlaf!", sagte Maxi Murmel und breitete die Arme aus.

„Nicht?", fragte Polly.

„Wir feiern immer den ganzen Winter durch!", riefen die Rotschöpfe durcheinander. „Das hält warm!"

„Mini au Party macken!", rief Mini. „Wow. Mini cool! Tanzi! Tanzi! Ohne Windel! Mini groß nu! Party! Party!"

Na toll.

Aber eine Nacht würden wir schon noch durchhalten. Also feierten wir mit den Rotschopfmurmeltieren. Unser Trompetenfrosch spielte heiße Songs. Die Affen aus dem Halli-Galli-Dschungel brachten uns Kokosnüsse und Kokosnuss-Cocktails.

Am nächsten Tag waren wir murmelmüde. Doch als es Abend wurde, baten die Rotschöpfe den Ampelmann und den Club der Wilden Glühwürmchen, für sie als Discokugeln zu leuchten. Hat man sowas schon mal gehört? Nur Billy the Kid fand das klasse. Er wirbelte gemeinsam mit Rosa über die Tanzfläche.

„Das ist der Zwergpferdtango!", rief Billy.

Also echt, mit den Rotschopfpartylöwenmurmeltieren hatten wir uns ein schönes Ei ins Nest gelegt! Das konnte ja heiter werden! Doch weil wir einfach zu müde waren, wünschten wir allen irgendwann eine gute Nacht und krochen endlich in den Winterschlafraum.

„Mensch, Schrönk!", gähnte Polly leise. „Weißt du, was du inzwischen bist? Du bist ein Walle-Wacke-Flohzirkusdirektor-Riesenmurmel-Pferd-Trampolin-Schranken-Bagger-Mathematikgenie-Hubschrauber-Misonkämpfer-Bergraupenstoßer-

Zwergpferdträger-Monstermeer-U-Boot-Rotschopfmurmeltier-leiterhalter!“

„Waaaaaaaaaaas?“, rief der Schrönk.

Und wir lachten.

„Schrönk“, sagte ich, „du kannst halt einfach alles!“

„Außer singen“, sagte Polly.

„Und schwimmen“, hustete er.

„Aber das werden wir auch noch lernen!“

Jetzt freuen wir uns aufs nächste Jahr. Draußen wird ein neuer Freund auf uns warten: Mini Murmel.

So schliefen wir ein. Das heißt, wir wären gerne eingeschlafen, aber wir mussten erst warten, bis die Rotschopfmurmeltierrasselbande da draußen endlich mal Ruhe gab!

Doch wenn wir dann mal eingeschlafen sind, Leute, haben wir nichts Neues zu berichten aus dem Walle-Wacke-Land. Aber das hat ja auch erst mal gereicht, oder?

Drum seid ihr jetzt dran:
was zu erleben,
was zu entdecken,
was zu erzählen,
was zu erfinden,
was zu erträumen,
was zu erschaffen,
’ne gute Idee – tut niemals weh,
ein toller Gedanke – kennt keine Schranke.
Noch hört ihr Mini Murmels Lachen:
Er tanzt und singt und lässt es krachen!
Und deshalb sagt euch Billy Backe:
Haut auch mal richtig auf die Kacke!

Alte Hacke!

Entdecke auf den folgenden Seiten
das Walle-Wacke-Land –
findest du alle Orte, an denen
Billy Backe und seine Freunde
Abenteuer erlebt haben?

MONSTER MEER
Bronco
Schunkelnde Dschunken
Hicks
Beißluftballon
STRAND
KEGELHÜGEL
SÜSSIGKEITENSCHLUCHT
SUMPF DER MOORSCHWEINE
GROSSER STROM

WILDES WIESENTAL
WALD DER VERLORENEN TASCHENTÜCHER
RÄTSEL-WÜSTE
TREIB-SAND PAMPA
HOCHLAND
Tohuwabohu
KLINGENDE BERGE

Alter Häuptling Stinkender Fuß
WILDES WIESENTAL
STEINIGE WÜSTE
TREIBSAND PAMPA
Grüner See
DUNKLER WALD
AUTSCH
HOCHLAND
Tohuwabohu
Mount Hound
KLINGENDE BERGE
GRAUENHAFTER GRUBENTÜMPEL

Schlucht der Speere
BUNTER WALD
MURMELWIESEN
MURMEL HÜGEL
AUA!
Seichter Teich
FLIEDERFLUSS
WINDIGE HÜGEL
HALLI-GALLI-DSCHUNGEL
TRAURIGES TAL
TRÄNENFLUSS
STAUBIGE PRÄRIE
KINO
LAGER DER TOLLPATSCHEN
Rollende Ratten
STEPPE DER MISONS

BUNTER WALD
GLAT
Schwarzer Löwe
MURMELWIESEN
MURMEL-HÜGEL
Seichter Teich
AU!
WINDIGE HÜGEL
HALLI-GALLI-DSCHUNGEL
TRAURIGES TAL
STAUBIGE PRÄRIE
STEPPE DER MISONS
KINO

MEER
STRAND
UNHEIMLICH-
UNHEIMLICHER
WALD
KAUGUMMI-
WÜSTE
Wackelriesen
STROM
Kleckernde
Wasserfälle
N
W
O
S

Ina Hattenhauer ist in Berlin geboren und aufgewachsen. Sie studierte an der Bauhaus-Universität Weimar und am Minneapolis College of Art and Design in den USA, schloss ihr Studium 2009 als Diplom-Designerin ab und arbeitet seitdem als selbstständige Illustratorin in Weimar.

Markus Orths wurde 1969 geboren, studierte Philosophie, Romanistik und Anglistik in Freiburg und lebt heute als Autor mit Frau und drei Kindern in Karlsruhe. Seine Texte wurden mit vielen Preisen ausgezeichnet, unter anderem mit dem Telekom-Austria-Preis in Klagenfurt und dem Niederrheinischen Literaturpreis der Stadt Krefeld.

Nur wer die Waldtiere versteht, kann sie retten!

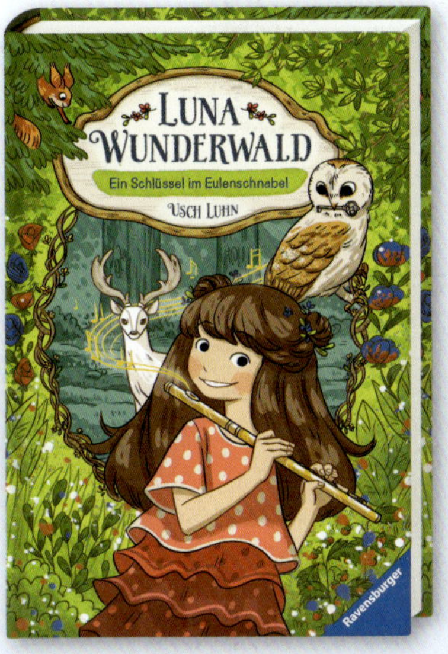

Usch Luhn

Ein Schlüssel im Eulenschnabel

Luna Wunderwald, Band 1

Luna Wunderwald – so nennen die Tiere des Waldes die Tochter des neuen Försters. Doch kann sie mit ihrer Zauberflöte den weißen Hirsch Arto vor Wilderern retten? Nur wenn Luna ihren ganzen Mut zusammennimmt und alle Tiere ihr helfen, wird sie es schaffen!

ISBN 978-3-473-**40350**-9

Usch Luhn

Ein Geheimnis auf Katzenpfoten

Luna Wunderwald, Band 2

Luna Wunderwald – so nennen die Tiere des Waldes die Tochter des neuen Försters. Aber als die Waldkatze Kassandra in große Gefahr gerät, scheint die Kraft von Lunas Zauberflöte nicht auszureichen, um sie zu retten. Luna braucht dringend eine Freundin, die ihr hilft!

ISBN 978-3-473-**40351**-6